PE. JOSÉ CARLOS PEREIRA

POR QUE REZAR PELOS MORTOS?

A Missa do 7º dia, orações e ritos fúnebres

EDITORA
SANTUÁRIO

Direção Editorial:	Pe. Fábio Evaristo R. Silva, C.Ss.R.
Conselho Editorial:	Ferdinando Mancilio, C.Ss.R.
	Gilberto Paiva, C.Ss.R.
	José Uilson Inácio Soares Júnior, C.Ss.R.
	Marcelo da Rosa Magalhães, C.Ss.R.
	Mauro Vilela, C.Ss.R.
	Victor Hugo Lapenta, C.Ss.R.
Coordenação Editorial:	Ana Lúcia de Castro Leite
Copidesque:	Luana Galvão
Revisão:	Sofia Machado
Diagramação:	Mauricio Pereira

Dados Internacionais de Catalogação na Publicação (CIP) de acordo com ISBD

P436p   Pereira, José Carlos

        Por que rezar pelos mortos? A missa do 7º dia, orações e ritos fúnebres / José Carlos Pereira. - Aparecida, SP : Editora Santuário, 2019.
        112 p. ; 14cm x 21cm.

        Inclui bibliografia e índice.
        ISBN: 978-85-369-0613-3

        1. Cristianismo. 2. Orações. 3. Missa. 4. Ritos fúnebres. 5. Mortos. I. Título.

2019-1826   CDD 240
                                                                                          CDU 24

Elaborado por Vagner Rodolfo da Silva - CRB-8/9410

Índice para catálogo sistemático:
    1. Cristianismo 240
    2. Cristianismo 24

1ª impressão

Todos os direitos reservados à **EDITORA SANTUÁRIO** – 2019

Rua Pe. Claro Monteiro, 342 – 12570-000 – Aparecida-SP
Tel.: 12 3104-2000 – Televendas: 0800 - 16 00 04
www.editorasantuario.com.br
vendas@editorasantuario.com.br

INTRODUÇÃO

A Missa do sétimo dia, aquela rezada pela alma de um defunto, sete dias após sua morte, é uma das práticas religiosas mais intrigantes do catolicismo, no sentido de despertar a curiosidade; porém pouca gente sabe as razões dessa prática e sua história, como, por exemplo: quando, como e por que surgiu tal costume? Qual seu significado? Por que há uma escassez de materiais que tratam desse tema tão importante do imaginário católico?

Foi pensando nessas e em outras interrogantes que resolvi escrever sobre a Missa do sétimo dia. Lembro-me de que há alguns anos escrevi um artigo para uma página na *internet*[1] sobre o tema, o qual retomo neste livro. Na ocasião, explicava, de modo ainda mais sucinto, as razões de se celebrar Missa no sétimo dia de falecimento. A procura foi tanta que me propus, assim que tivesse um tempo maior, escrever sobre o assunto. Isso porque, embora seja algo costumeiro, importante do ponto de vista da crença, poucos são os que param para refletir sobre o porquê de se mandar celebrar uma Missa no sétimo dia do falecimento de seu ente querido. E mais, em se tratando de algo tão significativo para os católicos, por que quase não

---

[1] Cf. Pereira, José *Carlos. Missa do sétimo dia*. In: http://www.saojoseosvaldocruz.org.br/web/perguntaserespostas/respostas/004_missadesetimodia.htm

Por que rezar pelos mortos?

se encontram materiais que tratam do tema, no sentido de elucidar tais práticas?

É esse o desafio deste livro: explicar, em poucas páginas, o significado da Missa do sétimo dia e orientar tal ato de acordo com as recomendações da Igreja, sem desmerecer a crença popular, porém tratando-a como uma prática que tem seu fundamento nas Sagradas Escrituras e na Tradição da Igreja. Para isso, será necessário abordar alguns temas relacionados com essa prática, como, por exemplo, os ritos fúnebres e seus desdobramentos.

Antes de entrar no tema, propriamente dito, e em seus correlatos, achei importante abordar alguns elementos conceituais do campo da antropologia cultural, como o conceito de tradição e outros conceitos relativos a este: o costume ou o hábito. Esses termos são fundamentais na compreensão de um ritual religioso como esse que aqui propus abordar porque envolvem questões não apenas religiosas, mas também culturais.

Assim sendo, trato, primeiramente, da Missa propriamente dita, como *memória* ou *memorial*, resgatando o sentido teológico e semântico dessas expressões, agregando a elas uma conotação simbólica e poética: a saudade. Isso porque a Missa do sétimo dia é, de fato, a celebração de uma saudade. Quem parte deixa saudade. Na Missa, além de se fazer memória, no sentido teológico do termo, quando se trata de sétimo dia de falecimento, acrescenta, na memória dos que estão celebrando nessa intenção, a lembrança daquela pessoa que partiu, reverberando, assim, a saudade deixada em seu coração.

José Carlos Pereira

Em seguida, faço um breve apanhado da tradição de se rezar pelos mortos. Como citei anteriormente, busco o sentido da palavra *tradição* e seus derivados no campo da antropologia, mostrando que o aspecto cultural é muito relevante nesse costume religioso, trazido pelos portugueses e solidificado entre os católicos brasileiros. Em um terceiro momento, dou seguimento à reflexão tratando da Missa do sétimo dia como tradição cultural. Algo que já é parte do imaginário católico e que é praticado sem que se pergunte o porquê desse ritual.

Após refletir sobre essa tradição, trato de adentrar no significado do número 7, algo profundamente relevante para entender o significado da Missa do sétimo dia, tema central deste livro. Para tanto, faço uma incursão nas Sagradas Escrituras, buscando diferentes passagens em que o número 7 revela seu significado implícito no contexto dos textos. Para finalizar esse capítulo, indico a quantidade de vezes em que aparecem na Bíblia as referências ao número 7 e seus derivados.

No quinto capítulo, a reflexão gira em torno dos ritos fúnebres. A Missa do sétimo dia é parte desses ritos, porém, antes dela, há dois importantes ritos que fazem parte do contexto do passamento: o velório e as exéquias. Esses dois rituais são rituais de corpo presente, enquanto a Missa do sétimo dia, como diz Rubem Alves, é um ritual da presença de uma ausência. O corpo não está mais presente, mas a lembrança faz com que o ausente se torne presente, na memória. Nessa parte do livro me estendo um pouco mais, trazendo presentes reflexões que ajudam a en-

Por que rezar pelos mortos?

tender o passo seguinte, medular neste livro, a Missa do Sétimo dia propriamente dita.

Assim, o significado da Missa do sétimo dia encontra-se concentrado no sexto capítulo, embora o explique também em outros momentos. Aqui, porém, abordo, de modo sucinto, mas detalhado, as razões desse ritual que se tornou tão importante na Religião Católica.

A seguir, trato de adentrar em um tema bastante significativo do campo religioso e social: o luto. Essa modalidade de comportamento, ditado pelo evento da morte, agrega em seu entorno relações sociais que ajudam na ressocialização da família atingida pela dor da morte de um ente querido. Compreender o luto é fundamental para entender a elaboração da morte e o significado da Missa do sétimo dia, que é uma espécie de marco divisório do tempo do luto e o retorno à normalidade da vida.

Por fim, indico algumas sugestões de como preparar uma Missa do sétimo dia, de modo que ela se torne mais significativa ainda. São sugestões práticas que podem ser aproveitadas pelas equipes de liturgia das paróquias, bem como pelos familiares que desejam prestar essa última homenagem a seu ente querido. Tudo o que indico nesse capítulo está de acordo com as normas litúrgicas, porém recomendo que, antes de fazer qualquer coisa aqui indicada, seja consultado o pároco, respeitando as normas e orientações de cada paróquia. As indicações são para Missas exclusivas para o sétimo dia, mas nada impede que algumas delas sejam aproveitadas em Missas, cuja intenção esteja junto às demais, como ocorre nas chamadas Missas comunitárias, ou mesmo em outras modalidades de Missas fúnebres, como, por exemplo, em Missas de corpo presente, terceiro dia, trigésimo dia, um ano de falecimento ou no dia de finados.

Nas considerações finais, retomo alguns temas já apontados no decorrer do livro e procuro costurá-los com outras ideias, de modo que ajudem a solidificar os textos, apresentados no conjunto da obra.

Encerro o livro com a indicação da bibliografia consultada para elaborar essa pesquisa. Ela ajudará aqueles que desejarem aprofundar neste ou em outros temas relacionados com a morte. Espero poder ajudar a esclarecer muitas dúvidas que cercam o significado da Missa do sétimo dia, bem como outros temas relacionados com os ritos fúnebres.

1

A MISSA:
MEMORIAL DE UMA SAUDADE

Para falar da Missa do sétimo dia, propriamente dita, vejo necessário lembrar, brevemente, o que significa a palavra missa e o significado da Celebração Eucarística de um modo geral. Isso porque, antes de lhe ser atribuída uma finalidade específica, ou seja, uma intenção, um tema ou uma motivação, a Missa é uma cerimônia única, dividida em várias partes ou ritos (ritos iniciais, Liturgia da Palavra, Liturgia Eucarística, rito da comunhão e ritos finais), memorial do sacrifício de Cristo, que mantém a mesma estrutura (em nosso caso, o rito romano), independentemente das circunstâncias ou de suas intenções. Quanto ao significado da palavra missa, em latim, é despedida. Toda despedida gera uma saudade, por isso a Missa, independentemente de ser de sétimo dia ou não, não deixa de ser o memorial de uma saudade. Desse modo, vamos fazer um paralelo da Missa, em si, celebração litúrgica de um sacramento, com a intenção de sétimo dia, e elucidar a existência de um profundo significado teológico nessa prática devocional.

A Missa é o sacrifício eucarístico, fonte e ápice de toda a vida da Igreja, em que se oferece a Vítima divina pela salvação do mundo (Schlesinger, 1995: 1770). É o

Por que rezar pelos mortos?

mais excelente ato de culto que a Igreja inteira tributa a Deus. Seu fundamento bíblico está na passagem, narrada de diversas formas, em que Jesus, na última ceia, promete que quem comer de seu pão e beber de seu cálice viverá para sempre (Mt 26,26-30; Mc 14,22-25; Lc 22,14-23; 1Cor 11,23b-26) e estará sempre com ele. Ele pede que seus discípulos façam isso em sua memória. Assim, toda vez que celebramos a missa, toda vez que participamos dela, estamos anunciando sua morte, isto é, fazendo memória, e, ao mesmo tempo, anunciando, afirmando que ele continua entre nós. Assim, celebrar, fazer memória é um modo de tê-lo presente.

Se a palavra Missa significa despedida, quando se marca uma intenção de sétimo dia em uma Missa ou quando se celebra, exclusivamente, uma Missa de sétimo dia, significa que esse gesto, essa Celebração é uma cerimônia de despedida. A família se reúne, mais uma vez, para se despedir de seu ente querido. Ela já se reuniu por ocasião de seu falecimento, durante a cerimônia de exéquias. Fez, ali, um ato de despedida. Agora ela se reúne para uma despedida definitiva, como veremos mais adiante. Ao mesmo tempo em que é uma cerimônia de despedida, de entrega definitiva nas mãos de Deus, é também um momento de tê-lo presente, no sentido da presença em nossa memória. Como vimos no sentido da Missa, toda vez que comemos deste pão e bebemos deste cálice, fazemos memória de Jesus, por isso, temo-lo presente entre nós; com nosso ente querido não é diferente. Ao celebrar sua páscoa, fazemos sua memória; isso o traz de volta em nossa lembrança. E, assim, sucessivamente, ele se mantém na eternidade e, ao mesmo tempo, eternamente no mundo, junto daqueles que dele continuam se lembrando. É essa também a razão de se marcar Missa na intenção de falecidos, não importando o tempo de falecimento. É uma forma de mantê-los entre aqueles que os amam e que, por isso, não os esqueceram. Adélia Prado, em um de seus poemas, diz que "o que a memória amou fica eterno". Só fazemos memória daqueles que amamos e, amando-os, sem o saber, eternizamo-los. Assim, nada mais nobre que fazer memória daqueles que amamos por meio de uma Missa. Ela expressa diferentes formas de eternidade: a eternidade escatológica, teológica, do sentido mesmo da Missa; a eternidade poética, da presença de sua ausência; e a eternidade paradoxal da razão, que insiste em manter vivos aqueles que não vivem mais. Quando se pede para rezar uma missa para as almas dos falecidos, sem o saber, está se revivendo aqueles que, literalmente, já não vivem.

A Missa é um sacramento, que, segundo Santo Agostinho, "é um sinal visível de uma graça invisível". Quando se reza pelo sétimo dia de um falecido, obtém-se a graça invisível de se ter presente, também de modo invisível, a presença daquele que a morte insiste em ausentar de nós. A presença se dá pela lembrança. Sempre que lembramos alguém, este se faz presente em nossa vida, por meio da presença em nossa memória. Não há presente maior, mais significativo do que ser lembrado. Todos queremos ser lembrados. A maior recompensa é a lembrança; o esquecimento, por sua vez, é o pior castigo. Enquanto lembramos aqueles que já se foram deste mundo, eles continuam entre nós, vivos; porém,

Por que rezar pelos mortos?

quando os esquecemos, morrem, de fato. A morte, em seu sentido mais cruel, mais duro, dá-se quando ocorre o esquecimento. Chico Buarque tem uma canção, cujo nome é *Saudade*, que diz: "que a saudade é o pior tormento. É pior do que o esquecimento". Concordo que a saudade seja um tormento, mas discordo que ela seja pior do que o esquecimento. Talvez ele tenha dito isso pelo fato de o esquecimento ser um tipo de morte, e quem morre deixa de sofrer, não tem mais saudade, não tem mais nenhuma dor. Desse modo, a saudade é, de fato, algo pior, porque ela continua a torturar aqueles que foram separados, afastados de seus entes queridos pela morte, como diz a mesma canção: "Oh, pedaço de mim. Oh, metade afastada de mim". Assim, reviver aqueles que partiram, por meio da lembrança, da memória feita por meio de uma Missa, é uma forma de diminuir o tormento da saudade, tão bem expressada neste verso da canção: "que a saudade dói latejada é assim como uma fisgada no membro que já perdi".

Acho significativa a associação da Missa com a memória, com um memorial. Assim, ela se torna um constante reavivamento da fé da presença de Cristo entre nós. Foi isso que Jesus propôs ao celebrar a última ceia com seus discípulos. Um ato que buscou eternizar na memória deles sua presença. Cada vez que eles se reunissem para celebrar a ceia, ele estaria com eles. E assim se sucedeu.

Hoje, a cada celebração da Ceia Eucarística, ele vem e nos alimenta com seu próprio corpo e sangue e, assim, passa a fazer parte de nós, faz morada em nós e nós não o esquecemos jamais, porque seu sangue corre em nossas veias; ele é uma parte de nós, e nós nos tornamos uma parte dele. Os discípulos, na época, não entenderam muito bem o sentido da ceia, por isso sofreram tanto com a partida de Jesus, que precisou reaparecer sucessivas vezes para mostrar que continuava entre eles (cf. Jo 20,1-2.11-18; 20,19-31; 20,24-29; 21,1-14; Lc 24,13-35). Mostrou-se a eles ao partir o pão, depois de caminharem juntos no caminho rumo ao povoado de Emaús, distante onze quilômetros de Jerusalém (Lc 24,13-35). Em outro momento, entrou onde eles estavam reunidos de portas fechadas, com medo, e os encorajou (Jo 20,19-31). Quando Tomé estava com eles, repetiu a aparição, as palavras, e pediu que ele tocasse nas marcas dos pregos para não duvidar mais de sua presença (Jo 20,24-29). Logo após sua Paixão e morte, manifestou a Maria Madalena, no jardim do sepulcro, pedindo que ela desse testemunho de sua ressurreição (Jo 20,1-2.11-18). Esteve também às margens do lago, quando os discípulos, desanimados com a pesca infrutífera, lavavam as redes. Ensinou-os a irem para as águas mais profundas e jogar a rede do lado certo (Jo 21,1-14). Depois de tanta insistência, os discípulos aprenderam que o Senhor e Mestre estaria com eles sempre que dele fizessem memória.

As formas de se fazer memória foram se ressignificando ao longo da história, porém a memória da Ceia Eucarística, a Missa, permanece até hoje. A Missa é um momento sublime em que todas as ausências são preenchidas com a presença de Jesus sacramentado. Assim, a eucaristia, memorial da Paixão, morte e ressurreição de Jesus, dirime todas as dores, trazendo

Por que rezar pelos mortos?

conforto aos corações partidos pela dor da separação de uma pessoa querida.

Quem marca uma missa de sétimo dia para uma pessoa que faleceu marca um encontro com ela. Depois de uma semana vivendo a dor do passamento, a missa se torna um momento singular para esse reencontro, que é vivido e celebrado de acordo com cada situação, variando de acordo com cada pessoa. Uns vivem esse reencontro, revivendo a dor da perda, chorando durante a missa, como se estivessem no velório do morto. Outros se alegram por saber que a pessoa está com Deus. Outros, ainda, sentem-se aliviados porque tudo passou, e a vida vai voltar a sua normalidade. Há também os que são indiferentes, que vão à missa simplesmente por uma obrigação social. Enfim, a maneira como cada um concebe esse momento de celebrar pelos mortos é particular, embora seja comum o ritual da missa, o encontro com os parentes e amigos. Sobre esse aspecto vamos tratar mais adiante.

2

A TRADIÇÃO DE
SE REZAR PELOS MORTOS

Sobre a tradição de se rezar pelos mortos ou pedir missa por sua alma, sete dias depois da morte, não é algo sobre o qual tenha muitas informações disponíveis. Busquei boa parte delas nos livros de história da Igreja, nas publicações das áreas de Ciências da Religião, Sociologia e Antropologia da Religião; porém pouca coisa foi encontrada, principalmente no tocante à Missa do sétimo dia. Algumas delas foram obtidas no âmbito da teologia bíblica, fornecidas por aqueles que estão diretamente envolvidos com essa tradição, os padres, principalmente os padres exegetas; mas, mesmo assim, nenhum deles soube me informar, com exatidão, o porquê dessa prática. Cruzei as informações obtidas com os gerenciadores do sagrado, com as dos fiéis católicos e as de outros informantes e cheguei à seguinte conclusão: não há uma fundamentação histórica consistente, e o embasamento doutrinário para a Missa do sétimo dia é escasso. Sabe-se que é uma tradição que se formou na história da Igreja, com a intenção de sufragar a alma da pessoa falecida, e que a origem descende de antigos ritos mortuários e do costume de se celebrar Missa por ocasião da morte. Missa esta que era rezada, a princípio,

Por que rezar pelos mortos?

diante do cadáver da pessoa, chamada de missa de corpo presente. Até certo tempo isso era uma prática comum, principalmente nos vilarejos e nas cidades do interior do Brasil, onde a escassez de padre não era tanta. Antes de a missa de corpo presente, por razões pastorais, tornar-se inviável, já se havia instalado, no imaginário popular católico, a obrigação de mandar rezar missa pelos mortos, como encontrei em alguns relatos antigos. Não obstante a devoção popular, de cunho mágico, que se formou em torno dessa categoria de evento fúnebre, que é a Missa do sétimo dia, vale lembrar que, embora exígua, há certa fundamentação teológica, ou seja, um respaldo bíblico, em que a simbologia do gênero contribui para intensificar o ritual e tudo aquilo que se engendrou a sua volta que justifica a ação. Apontarei essa fundamentação no capítulo seguinte, quando tratarei da simbologia bíblica do número sete.

Para se entenderem a missa do sétimo dia e seu significado, hoje, é preciso, antes, conhecer, um pouco, a tradição de se rezar pelos mortos. À vista disso, recorro aos primórdios desse tipo de culto fúnebre, que deu origem ao dia de finados, que, na atualidade, se celebra no dia dois de novembro. A partir do século I da era cristã, tem-se registro de que os cristãos rezavam ou prestavam algum tipo de culto religioso pelos mortos. Dentre esses cultos, estão as visitas às catacumbas ou aos túmulos dos mártires para rezar pelos que morreram sem martírio, tido como algo virtuoso nesse período. Vale lembrar que o martírio, ainda hoje, é algo muito valorizado em algumas denominações religiosas, inclusive no cristianismo e, mais especificamente, no catolicismo. Os mártires não precisam passar pelo processo de canonização para serem reconhecidos como santos. Basta terem lavado suas vestes no sangue do cordeiro (cf. Ap 7,14), isto é, terem sido mortos por uma causa nobre, em prol da defesa da vida. No calendário dos santos, os mártires ganham um espaço privilegiado, além de uma aura de herói. Um dos símbolos que os identifica é a palma na mão e a cor vermelha na liturgia em sua memória. No catolicismo brasileiro, principalmente nas CEBs (Comunidades Eclesiais de Base), e no catolicismo de cunho popular, os mártires são evidenciados como baluartes da coragem de quem dá a vida para que outros possam viver, em uma referência direta ao próprio Cristo. O local onde um mártir é sepultado torna-se lugar de peregrinação e de protesto.

Voltando ao costume de se rezar pelos mortos, no século IV, já se encontra a memória deles na celebração da missa. Nesse período, ainda não se tem claro se essa memória era feita no sétimo dia, mas sabe-se que os mortos eram lembrados dentro da celebração eucarística. Até então não se tinha um dia específico para rezar pelos mortos, como temos hoje. Esse dia começou a ser definido a partir do século V. Nesse século, a igreja dedicou um dia por ano para rezar por todos os falecidos, pelos quais ninguém rezava, exceto pelos mártires, e dos quais ninguém se lembrava, exceto os familiares do falecido; essa lembrança não tinha nada de oficial, social ou religiosa. A partir do século XI, com os papas Silvestre II (999-1003), João XVIII (1004-1009) e Leão IX (1049-1054), passou a existir a obrigatoriedade de se dedicar um dia por ano aos mortos. Porém, mesmo havendo tal obrigatoriedade, não havia sido ainda

Por que rezar pelos mortos?

instituído um dia específico. Esse dia podia variar de acordo com a época.

Somente a partir do século XIII, esse dia anual de oração pelos mortos passou a ser comemorado no dia 2 de novembro. Essa data foi proposital pelo fato de ela suceder outra muito importante do calendário católico: o dia de todos os santos, 1º de novembro. O que representava o dia de todos os santos? O dia de todos os santos representava a celebração de todos os que morreram em estado de graça, mas que não foram canonizados. Assim, pessoas comuns, entes queridos recebiam, de certa forma, um dia de oração. Essa data celebrativa cumpria a função que o dia de finados tem hoje. Atualmente, a festa de todos os santos tem outro significado, porém pode ser considerada a precursora do dia de finados. Hoje, quando o dia de todos santos cai durante a semana, a Igreja transfere sua celebração para o próximo domingo, por se tratar de solenidade litúrgica.

Assim, o dia de rezar pelos mortos, conhecido como dia de finados, diferentemente do que ocorria no dia de todos os santos, passou a ser o dia de celebrar todos os que morreram, indistintamente, e não apenas os que são lembrados na oração do dia de todos os santos. Desde o início da instituição dessa data, foi recomendado que se acendesse uma vela no cemitério para simbolizar a vida eterna do falecido. Por isso o costume de se acenderem velas no cemitério no dia de finados perdura até hoje, entre os cristãos católicos.

Vale então lembrar que o culto aos mortos é muito antigo e não é uma prática que se restringe apenas ao catolicismo, que, comparado a outras religiões da antiguidade, não tem tanto tempo de existência. Ele foi uma prática fundamental em quase todas as religiões antigas, pois esteve inicialmente ligado aos cultos agrários e da fertilidade. Acreditavam os mais antigos que, como as sementes, os mortos eram enterrados com vistas à ressurreição (novo nascimento).

Há, ainda hoje, certa similaridade com essa crença antiga, pois, embora a doutrina seja outra, também se acredita que a morte é uma passagem para a vida eterna, a ressurreição. Sabe-se que os que morreram não estão no cemitério, exceto seus restos mortais, e que sua alma está junto a Deus, na eternidade. No caso dos ritos fúnebres de algumas religiões da antiguidade, a ideia central da festa dos mortos era a mesma dos ritos agrários e da fecundidade: o retorno à vida que deve surgir de algo oculto e misterioso. Desse modo, o primitivo dia de finados, celebrado nas religiões da antiguidade, era festejado com banquetes e orgias perto dos túmulos, costume disseminado em várias civilizações da antiguidade e preservado ainda em algumas religiões, de forma mais discreta, as quais levam ao cemitério, no dia de finados, iguarias e outros alimentos que são deixados sobre o túmulo, como uma oferenda aos mortos.

Na Igreja Católica, o dia de se rezar pelos mortos, isto é, o dia de finados foi, oficialmente, instituído no século X, passando então a ser um culto mais religioso do que até então era praticado. É o dia oficial, em que se honra a memória dos entes queridos, visitando o cemitério, levando flores, acendendo velas e, sobretudo, mandando celebrar missa em sufrágio de sua alma. Esse

Por que rezar pelos mortos?

dia é da tradição católica que entrou para o calendário civil como feriado nacional, possibilitando, assim, que as pessoas tenham mais liberdade para se dirigir aos cemitérios e prestar homenagens aos mortos.

A crença na vida eterna diminui o pesar da morte. Tanto é que nas primeiras comunidades cristãs o dia da morte era chamado de *dies natalis*, ou seja, dia de nascimento ou renascimento para a vida eterna. Pode-se ver, mais adiante, que essa é uma das justificativas para o costume de se rezar por ocasião da data do falecimento. É como se a pessoa estivesse aniversariando nessa data. Nas primeiras comunidades cristãs, a crença na ressurreição era tão firme que o passamento de um ente querido não era motivo para as pessoas ficarem consternadas ou abatidas por muito tempo, mesmo que a separação causasse dor intensa, como continua causando, ainda hoje. A certeza da vida eterna era mais forte do que o sofrimento e a dor pelo vazio experimentado com sua morte. Havia uma esperança intensa, porque se tinha a confiança de que a pessoa falecida estava viva junto de Deus, por ter mergulhado na Ressurreição de Cristo, alcançado a comunhão dos santos com o Pai. Isso não quer dizer que hoje não se creia nisso, mas a forma como a morte era concebida tinha um significado diferente, o que ajudava a pessoa a elaborar esse acontecimento de modo que o sofrimento não se tornava tão intenso. A festa e a alegria davam lugar aos ritos fúnebres e à tristeza.

Como se faz hoje, naquele tempo, na ocasião do sepultamento de uma pessoa falecida, a comunidade se reunia para realizar os ritos de passagem, como realizamos, hoje, nossas cerimônias de exéquias. Faziam-se orações, celebrava-se a esperança cristã da vida eterna, proclamava-se a Ressurreição de Jesus Cristo, pedia--se a passagem do falecido ao céu; tudo isso servia de conforto para os parentes e amigos enlutados. A diferença fundamental estava no clima que se estabelecia em torno da pessoa falecida. Em vez de tristeza, era a alegria que imperava. Não alegria porque a pessoa morreu, mas alegria por ela viver eternamente, não ser mais abatida por nenhum tipo de sofrimento ou morte. Se hoje a morte fosse vista por esse prisma, talvez não houvesse tanto sofrimento.

A maioria das pessoas, hoje, sabe dessas coisas, por isso o ponto central dos ritos fúnebres consiste na Missa do sétimo dia. Vale lembrar que o Catecismo da Igreja Católica (n. 1689) considera a Missa, a Eucaristia, "o coração da realidade pascal da morte cristã". Quando se atém a esse significado pascal, a morte perde seu caráter amedrontador. O catecismo, repetindo as palavras do ritual das exéquias, diz: "na Eucaristia, a igreja expressa sua comunhão eficaz com o finado. Oferecendo ao Pai, no Espírito Santo, o sacrifício da morte e ressurreição de Cristo, ela pede para que o fiel falecido seja purificado de seus pecados, de suas consequências e admitido à plenitude pascal do Banquete do Reino". Assim, a Celebração Eucarística, a Missa em si, significa a comunhão com Cristo ressuscitado, isto é, com os que pertencem a Cristo, vivos ou falecidos.

É importante destacar também algumas diferenças e similaridades entre os ritos fúnebres dos primeiros cristãos e dos pagãos da época e os ritos que se têm

Por que rezar pelos mortos?

hoje por ocasião da morte. Enquanto que para os primeiros cristãos, e para os cristãos de hoje, a morte era, e continua sendo, o início de uma vida junto a Deus, motivo de esperança (e, para os primeiros cristãos, até de alegria), para os pagãos ela era o início de uma viagem para a escuridão; por isso o sentimento de angústia e de sofrimento imperava na ocasião da morte. Os pagãos, na ocasião da morte de um ente querido, possuíam um tipo de prática que, a princípio, se assemelhava a uma festa, porém não tinha nada de festivo, era a manifestação de uma preocupação com o morto, baseada em parâmetros humanos, isto é, deste mundo. Eles tinham o costume de deixar sobre o local do sepultamento, como provisões para a viagem nesse túnel de escuridão, alimentos e outros objetos de que, supostamente, mortos iriam necessitar. Era costume também, entre esses povos, preparar uma festa, um banquete, para recordar os mortos. Nesses banquetes havia um lugar reservado para eles, os mortos. Era um banquete de oferenda, visando suprir supostas necessidades daqueles que viviam no tempo de escuridão e privações. Esses banquetes eram realizados em ocasiões específicas: no terceiro, no sétimo e no trigésimo dia. Encontra-se nisso certa similaridade com o costume católico de mandar rezar Missas também nessas ocasiões. Porém se sabe, como será mostrado mais adiante, que o significado é outro, embora não deixa de haver certo paralelismo.

Hoje, o fato de se celebrar, nessas ocasiões, depois da morte de um ente querido, é motivado pela ressurreição de Jesus Cristo no terceiro dia, o descanso de Deus no sétimo dia da criação do mundo e o luto dedicado a Moisés no Antigo Testamento, que durou trinta dias. Além disso, o trigésimo dia ou o aniversário de um ano de falecimento são datas que sinalizam a marcha do tempo que vai passando. A saudade, entretanto, está presente no coração de quem fica, e reviver a presença de alguém que está ausente se torna confortador nessas ocasiões.

Para encerrar, destaco que o costume de celebrar o sétimo dia, o trigésimo dia e o aniversário de morte, que se propagou no catolicismo ocidental, mencionado no Sacramentário do papa Gelásio I (492-496), também tem sua origem na Igreja Oriental, como revela o monge poeta Efrém, o Sírio, ao recordar que esse uso tem fundamento na Bíblia, como apontado neste livro. Afirma Efrém: "Chora sobre o morto, porque lhe faltou luz... Sobre o morto, chora um pouco, porque descansou..." Então, no livro do Eclesiástico, o luto por um morto dura sete dias (cf. Eclo 22,10-13); no livro do Gênesis, ao falar da morte do pai de José, Jacó, ele, José e seus companheiros, ao chegarem a Goren-Atad, do outro lado do Jordão, fizeram um funeral grandioso e solene, e José guardou por seu pai um luto de sete dias (cf. Gn 50,10). Já a comemoração do trigésimo dia baseia-se nas já citadas passagens sobre a morte de Aarão (Nm 20, 29) e de Moisés (Dt 34,8), em que se lê que a morte deles foi chorada com um luto de 30 dias.

3

A MISSA DO SÉTIMO DIA COMO TRADIÇÃO CULTURAL

O que é a tradição e como ela determina os costumes? A tradição é a transmissão ou transferência de um ato à determinada pessoa, sociedade ou a um determinado grupo, de forma natural, de modo a ser passado, espontaneamente, de geração em geração, sem que se questione muito sobre ele. Existem várias formas de algo se transformar em tradição, dentre elas estão a comunicação oral de fatos, lendas, ritos, usos e costumes, bem como a reprodução prática desses fatos. Tais costumes acabam por se transformar em um conjunto de valores que são assimilados, transmitidos e vividos sem que haja interesse em buscar explicações racionais. Isso ocorre principalmente quando se trata de herança cultural religiosa, crenças que foram legadas ou qualquer outro costume relacionado com a religião. É um pouco isso que ocorre com a Missa do sétimo dia. Ela se configura, em primeiro lugar, como tradição, costume, e muitas pessoas não estão preocupadas em saber o porquê desse ritual.

Em uma família católica, praticante ou não, sempre que ocorre a morte de um membro, procura-se a igreja para marcar a Missa do sétimo dia. Na maioria dos

Por que rezar pelos mortos?

casos, não precisa haver orientação para isso, porque é algo que ocorre como resultado de experiências já vividas com outros familiares, recordações, memória ou eco dessa prática religiosa, envolta de muitas crenças, como, por exemplo: se não houver Missa do sétimo dia, a alma do falecido não entrará no céu. Assim, muitos mandam rezar a missa do sétimo por hábito ou costume adquirido de seus antepassados, gerando, assim, crendices, que, por sua vez, geram medo. São poucos os que pedem Missa do sétimo dia por razões teológicas.

Assim, a Missa do sétimo dia detém um lugar especial entre os costumes religiosos dos católicos, com suas convenções, idiossincrasias e estilos que são como os pilares da cultura religiosa do catolicismo. É uma tradição, porque é comumente reservada a um costume que possui considerável profundidade no passado e uma aura de sagrado que ultrapassa as fronteiras do catolicismo. À vista disso, é comum que pessoas de outras denominações religiosas, porém de matriz católica, isto é, oriundas do catolicismo, quererem Missa do sétimo dia para seus mortos.

A palavra *tradição* vem do verbo latino *tradere*, que significa entregar, transmitir, legar à geração seguinte determinados costumes. Quem migra, depois de adulto, para outra denominação religiosa tem grandes probabilidades de carregar, em seu imaginário, alguns legados da tradição católica, como, por exemplo, o da Missa do sétimo dia. Embora o verbo latino *tradere* pudesse referir-se à transmissão de coisas triviais, passou a ser, gradualmente, reservado para as coisas mais importantes, como, por exemplo, as coisas ligadas ao campo religioso, coisas que, como afirma Robert Nisbet (1996: 777), permanecem nos "depósitos" do passado e que conservam, ainda, um valor incomum para o presente e, presumivelmente, para o futuro, mesmo que esse presente e futuro não se configurem em prática das doutrinas católicas.

Desse modo, pelo fato de a Igreja Católica ter uma história milenar, a tradição de se celebrar missa do sétimo dia passou a pertencer às mais importantes esferas da vida da maioria das pessoas que, embora não mais pratiquem essa doutrina, a têm como matriz religiosa. Isso ocorre de modo muito particular no Brasil, onde as religiões de origem africana e o espiritismo de linha *kardecista* ganharam adeptos. Não é de se estranhar também que, às vezes, no interior do país, até adeptos de Igrejas Protestantes, de linha Pentecostal, mantenham ainda a tradição de se mandar rezar Missa de sétimo dia para seus mortos. É comum não abrirem mão desse costume, mesmo que professem outra fé. No caso dos católicos só de batismo ou dos tidos como "sem religião", é normal que venham à igreja somente nessa ocasião. Mesmo que a história da Igreja Católica, a partir da Reforma, seja preponderantemente uma história de seitas e cismas, permanece no imaginário dos "cismáticos" o desejo primordial de reviver alguns elementos da religião matricial. Um deles está relacionado aos rituais fúnebres, como veremos mais adiante, com mais detalhes.

Mas, o que nos interessa, neste momento, é a Missa do sétimo dia como costume, ritual que passa de gera-

Por que rezar pelos mortos?

ção em geração, perpetuando uma prática religiosa que está fundamentada, em primeira instância, na tradição. Por isso procuro elucidar, aqui, um pouco do conceito de tradição.

Assim, a tradição é, pois, um território da imaginação, mas sua presença tem consequências muito significativas na vida social. Quando dizemos que algo é tradicional, estamos assegurando que ele é valioso, que fala eloquentemente acerca de nós, de nossa cultura e que devemos prestar mais atenção nesse fato e respeitá-lo. É o que ocorre com a Missa do sétimo dia. Ela é um elemento valioso, porque faz parte de nossa cultura católica, está no imaginário religioso do povo brasileiro; mesmo os que não pedem Missa de sétimo dia para seus mortos, respeitam-na. Enfim, designo como tradição a Missa do sétimo dia para infundir-lhe significado e historicidade, reconhecendo a continuidade dessa prática.

João José Reis (1995: 205) lembra que, no Brasil, as Missas, como qualquer outra cerimônia fúnebre, foram objeto de regulamentação pelas *Constituições primeiras da Bahia*, em 1707, e sua função era abreviar o tempo que o morto passaria no Purgatório. Se o morto já estivesse no paraíso, as Missas celebradas em sua alma lhe acrescentariam glórias. Uma das formas de se provar devoção era deixar um testamento com quantas missas pudesse pagar. Havia, assim, um incentivo e até uma certa pressão, por parte da Igreja, para que as famílias pedissem Missas por seus mortos. Essas missas tinham um preço e ajudavam a movimentar a economia material e simbólica da Igreja, segundo Reis. Afirma ele:

"Aos párocos desses defuntos falecidos *ab intestato* caberia pressionar as famílias enlutadas para que mandassem rezar pelo menos missas de corpo presente, de mês e de ano" (Reis, 1995: 205).

Enfim, essa concepção de que a Missa resgata a alma do purgatório perpassou os séculos e perdura até hoje no imaginário de muita gente que ainda manda rezar Missa na intenção da alma de alguém com essa finalidade. Houve, de certa forma, um reavivamento dessa concepção quando o papa João Paulo II, já nos anos finais de seu pontificado, resgatou as indulgências que andavam como que esquecidas na Igreja. O Código de Direito Canônico ensina que: "Indulgência é a remissão, diante de Deus, da pena temporal devida pelos pecados já perdoados quanto à culpa, que o fiel, devidamente disposto e em certas e determinadas condições, alcança por meio da Igreja, a qual, como dispensadora da redenção, distribui e aplica, com autoridade, o tesouro das satisfações de Cristo e dos Santos" (cf. cân. 992.). O Catecismo da Igreja afirma que: "Pelas indulgências, os fiéis podem obter para si mesmos e também para as almas do Purgatório, a remissão das penas temporais, sequelas dos pecados" (CaIc, n. 1498). As indulgências têm, de algum modo, esta finalidade: dirimir pecados e, consecutivamente, diminuir o tempo de purgatório. No dia de finados, quem participa da Missa e reza pelos fiéis defuntos lucra indulgências, segundo a Igreja.

4

O SIGNIFICADO BÍBLICO DO NÚMERO 7

Ajuda-nos entender o significado da Missa do sétimo dia, entender um pouco a simbologia do número 7 na Bíblia. Sete é o número da completude, da totalidade e da perfeição. A tradição bíblica, segundo Leonardo Boff (1998: 57), ensina-nos que os números 3 e 4, somados, formam o símbolo específico da totalidade de uma pluralidade ordenada. Esses dois números, separados, já têm, cada um deles, seu significado simbólico. O 4 é símbolo dos quatro elementos do cosmos: terra, água, fogo e ar, que são essenciais para a vida. Além disso, representam o movimento da imanência. O 3 é o símbolo da Santíssima Trindade, do absoluto, do espírito. É também símbolo do descanso e da transcendência. Esses dois significados (descanso e transcendência) nos remetem à primeira explicação do porquê da Missa do sétimo dia. É a confirmação do descanso daquele que faleceu e de sua entrada definitiva na dimensão do transcendente.

Assim, esses dois números (3 e 4), tão carregados de significados, quando somados, resultam no número 7. Desse modo, o 7 passa a agregar os significados do número 3 e do número 4, significando "a união do imanen-

Por que rezar pelos mortos?

te com o transcendente, a síntese entre o movimento e o descanso, e o encontro entre Deus e o homem" (Boff, 1998: 57). É essa uma das razões de se rezar Missa no sétimo dia de falecimento. A pessoa completou sua fase de transição entre o céu e a terra e, no sétimo dia, é entregue nas mãos de Deus para o descanso eterno.

Assim, o número **7** (a soma de 4 + 3) resulta em um número perfeito, indicando o máximo da perfeição, como vemos no livro dos Números (cf. Nm 23,1-4), em que Balaão, querendo uma oferenda perfeita que agradasse a Deus, disse a Balac para mandar construir sete altares e, neles, oferecer sete bezerros e sete carneiros. Essa oferenda funcionou e Deus foi ao encontro de Balaão. Nesse caso, a simbologia do número 7 visa à comunicação com Deus, que entrou em contato com Balaão e lhe deu preciosas orientações. Quando fazemos uma oferenda a Deus, mandando rezar uma Missa de sétimo dia para um ente querido, estamos também querendo nos comunicar com ele. E Deus, reconhecendo o esforço feito, vem a nosso encontro e nos conforta em nossa dor. No Evangelho de Mateus (cf. Mt 15,32-39), na conhecida passagem da multiplicação dos pães, foram sete o número de pães que os discípulos tinham naquele momento, em um lugar deserto, para partilhar com uma multidão carente e famélica. Apesar de o número, se entendido ao pé da letra, parecer insignificante diante da multidão (mais de quatro mil pessoas), ele significa a perfeição em todas as suas dimensões, grande quantidade ou a quantia perfeita para todos se alimentarem, ficarem satisfeitos: "Todos comeram e ficaram satisfeitos. E encheram sete cestos com os pedaços que sobraram" (cf. Mt 15,37). Há, nessa passagem, uma sequência de referências ao número 7, como na que vimos no livro dos Números (23,1-14).

No caso supracitado, a multiplicação dos sete pães foi resultado da compaixão de Jesus, ao ver a multidão que estava há três dias com ele e não tinha nada para comer. Nesse sentido, há outra referência ao número 7, com o mesmo significado, isto é, a compaixão de Deus diante do sofrimento humano, Isaías (30,26): "No dia em que Javé enfaixar as feridas de seu povo e lhe curar as chagas, a lua vai brilhar como o sol, e o brilho do sol será sete vezes maior, como o brilho de sete dias reunidos".

A Missa do sétimo dia desperta a compaixão de Deus pelo sofrimento dos familiares e, em uma visão confortadora, enfaixa as feridas deixadas pela morte do ente querido, curando-os de toda dor. Assim, brilha no coração dessa família, até então enlutada, a inexplicável esperança que brota da relação com o transcendente.

Em Provérbios (cf. Pr 24,16), o número 7 se refere à queda do justo diante das dificuldades e dos sofrimentos, porém sempre com a força e a coragem de se levantar e recomeçar, não se deixando afundar pela tristeza. É comum não entender por que os bons sofrem e morrem, ou por que famílias tão boas e justas são abatidas por tragédias que resultam em morte. Nessas circunstâncias, lembramos essa passagem do livro dos Provérbios. Por maior que seja a dor, eles encontram forças para se recuperarem, mesmo que sofram vários tropeços e várias quedas (sete vezes). A Missa do sétimo dia representa esse se levantar da prostração causada pela dor da morte, configurado em esperança.

Por que rezar pelos mortos?

Em Mateus (cf. Mt 18,21), a referência ao número 7 e a seus correlatos se dá na quantidade infinita de vezes em que se deve perdoar. Ou seja, quando Jesus diz a Pedro: "não lhe digo que até sete vezes, mas até setenta vezes sete", ele está elevando ao máximo de sua potência a simbologia e o significado desse número. Isto é, perdoar sempre, infinita e incondicionalmente, em qualquer circunstância, por mais dolorosa que ela seja, porque é isso que Deus faz constantemente conosco. Assim, a revolta contra Deus, quando alguém que amamos é atingido pela morte, pode se dirimir quando entendemos o sentido teológico da Missa do sétimo dia.

Já em Apocalipse (cf. Ap 1,17-20), encontramos várias referências ao número 7: sete igrejas; sete estrelas; sete candelabros de ouro. Essas referências ao número 7 indicam totalidade, plenitude, perfeição. Nesse mesmo livro, indica séries completas como, por exemplo, as 7 cartas (cf. Ap 2-3), os 7 selos (cf. Ap 6,1-17), as 7 cabeças (cf. Ap 12,3). Vemos também que o Cordeiro imolado recebe 7 dons (cf. Ap 5,12). Em um paralelismo com a Missa do sétimo dia, indica também a confiança de que o ente querido que partiu agora brilha no céu, lugar da perfeição. Ele completou sua missão e agora descansa na plenitude da paz.

Em outras passagens bíblicas, o número 7 também aparece com sentido bastante positivo: sábado é o sétimo dia, dia de descanso para o povo judeu; Deus fez a Criação em 7 dias; a festa de Pentecostes acontece 7 vezes, 7 dias depois da Páscoa. Cada sétimo ano é o ano sabático, que significa o tempo de descanso solene para a terra e também de libertação dos oprimidos (cf. Lv 25). Ainda no livro do Levítico, encontramos o ano de Júbilo ou jubileu que se dá depois de um conglomerado de sete: sete semanas de anos, sete vezes sete anos, sétimo mês etc. Afirma o texto: "Conte sete semanas de anos, isto é, sete vezes sete anos; tais semanas de anos darão um período de quarenta e nove anos. No dia dez do sétimo mês, você fará soar a trombeta [...] será para vocês um ano de júbilo. Cada um de vocês recuperará sua propriedade e voltará para sua família" (cf. Lv 25,8-10). É, portanto, tempo de alegria e esperança.

O descanso talvez seja o elemento que mais está associado à Missa de sétimo dia com essas passagens do livro do Levítico: a terra e o homem que descansam; a pessoa que descansou depois de ser devolvida a terra; a terra que cumpre seu papel de nos fazer voltar ao pó, enquanto corpo, depois de elevada nossa alma ao descanso eterno, o prêmio, o tempo sabático da eternidade. Tempo, nesse caso, é um conceito teológico que não significa uma contagem simplesmente cronológica.

É importante ver que em algumas passagens, como no Apocalipse (cf. Ap 11,9), aparece a metade de 7, isto é, 3,5. Às vezes é dito: um tempo, dois tempos, meio-tempo (cf. Ap 12,14; Dn 7,25), isto é, três anos e meio, resultados relacionados ao número 7 ou aos derivados dele. Também podem ser 42 meses (cf. Ap 11,2), que é igual a 1.260 dias (cf. Ap 12,6), isto é, sempre a metade de 7. É a duração limitada das perseguições. É o tempo controlado por Deus. Assim, o sete vai se desdobrando e ampliando seu significado simbólico, e a Missa do sétimo dia agrega todos esses significados. Afirma Boff (1998: 57) que, com o número 7, exprime-se o

Por que rezar pelos mortos?

fato de que a totalidade da existência humana em sua dimensão material e espiritual é consagrada pela graça de Deus. Nisso reside o sentido fundamental de se ter 7 dons e 7 virtudes, como tivemos oportunidade de expor em outro livro.

Vale lembrar, a título de curiosidade, que, na Bíblia, encontramos 393 referências ao número sete, estando assim distribuídas: Gênesis, 52 vezes; Êxodo, 16 vezes; Levítico, 45 vezes; Números, 37 vezes; Deuteronômio, 11 vezes; Josué, 13 vezes; Juízes, 11 vezes; Ruthe, 1 vez; 1Samuel, 7 vezes; 2Samuel, 6 vezes; 1Reis, 11 vezes; 2Reis, 5 vezes; 1Crônicas, 13 vezes; 2Crônicas, 16 vezes; Esdras, 5 vezes; Neemias, 7 vezes; Éster, 7 vezes; Jó, 5 vezes; Salmos, 3 vezes; Provérbios, 5 vezes; Eclesiastes, 1 vez; Isaías, 4 vezes; Jeremias, 3 vezes; Ezequiel, 17 vezes; Daniel, 6 vezes; Amós, 1 vez; Miqueias, 1 vez; Zacarias, 3 vezes; Mateus, 10 vezes; Marcos, 9 vezes; Lucas, 8 vezes; Atos dos Apóstolos, 7 vezes; Romanos, 1 vez; Hebreus, 1 vez; 1Pedro, 1 vez; e Apocalipse, 44 vezes. Depois do Livro do Levítico, o Gênesis e o Apocalipse são os dois livros que mais fazem referências ao número 7, revelando, assim, o quanto esse número agrega representações simbólicas, pois esses dois livros são os que mais usam linguagem figurada e simbólica. Quanto aos derivados do número sete, encontramos: quarenta e uma referências ao número 700; noventa e cinco referências ao número 70 e cento e vinte referências ao termo sétimo.[2]

---

[2] Os números aqui citados foram computados a partir dos dados apontados pelo livro *Concordância Bíblica*, elaborado pela Sociedade Bíblica do Brasil, Brasília, 1975, p. 955-957. Tal livro se baseia na edição revisada e atualizada

5

OS RITOS FÚNEBRES

A Missa do sétimo dia é parte integrante dos ritos fúnebres que cercam a ocasião da morte. Explicá-la, isoladamente, torna-se, de certa forma, incompleto. Portanto, para entendê-la em sua conjuntura, há que abordar o contexto em que ela ocorre, isto é, todos os ritos que se dão em torno da morte, os quais Émile Durkheim chamou de ritos piaculares (Durkheim, 1989: 463). Entremos, então, no âmbito dos ritos fúnebres, das celebrações piaculares, isto é, nas ritualizações por ocasião da morte que expressam ação social desencadeada pelo defunto. É importante tratá-lo porque os ritos fúnebres assinalam os mais comoventes costumes da tradição católica, configurados nos diversos tipos de comportamento entre os vivos, ditados pelo episódio da morte. Essa confirmação se dá não apenas no domínio do social, que muitos insistem em reduzir, mas também em uma outra perspectiva, a do "outro mundo", o do transcendente, outrora também constatada por Bronislaw Malinows-

---

da tradução da Bíblia, no Brasil, de João Ferreira de Almeida. Desse modo, não foram computadas as referências que se encontram nos demais livros das traduções católicas da Bíblia.

Por que rezar pelos mortos?

ki (1984: 39), como algo que transcende o social. Malinowski, a partir da perspectiva da morte, afirma que "a religião não é idêntica à Sociedade ou ao Social, nem podemos ficar satisfeitos com o vago indício de que se prende unicamente à vida, pois a morte mostra-nos talvez a panorâmica mais vasta sobre o outro mundo" (Malinowski, 1984: 39). Desse modo, a morte e sua circunscrição, como as cerimônias propiciatórias e consagratórias, isto é, as exéquias, o velório, o sepultamento, o luto, e, sobretudo, a Missa do sétimo dia, mobilizam pessoas, estimulam ações grupais que, segundo ele, são fomentadas por esse momento de "crise suprema e final da vida que é a morte" (Malinowski, 1984: 50), ou seja, são ocasiões em que as representações sociais se revestem da maior importância. Dessa forma, os ritos fúnebres e seus procedimentos não poderiam ficar de fora desta explanação sobre o significado da Missa do sétimo dia.

Classificamos, em primeira instância, essa modalidade de ritos, de acordo com Durkheim, como *cerimônias piaculares*, ou seja, celebrações feitas nos momentos de infelicidade, de desdita, como são, de fato, as celebrações motivadas pelo evento da morte. São, como sugere Durkheim, cerimônias "tristes que visam a opor-se a uma calamidade ou, simplesmente, relembrá-la e deplorá-la" (Durkheim, 1989: 463). À vista disso, os ritos fúnebres são importantes porque favorecem e ampliam o entendimento do poder que a religião exerce no social e de como ela, com seus rituais, influencia o comportamento das pessoas. Os rituais da morte só se equiparam em ritualização, publicidade e repercussão, segundo Thales de Azevedo (1987: 60), ao ritual do casamento. Eles envolvem, pela emoção e comoção, um grande número de pessoas que agem, nessa ocasião social da morte, levadas pelo comportamento das outras. À vista disso, será necessário analisar alguns desses principais rituais tidos como fúnebres e as experiências que os suscitam. Refiro-me ao velório e às exéquias ou à encomendação das almas. Começo, portanto, pelo velório, privilegiando-o como espaço de representações coletivas.

a) O velório

Velório é o ato de velar um morto. Um evento coletivo no qual as pessoas permanecem velando o defunto exposto, durante as horas que precedem seu enterro ou sua cremação. Quanto ao local onde acontecem os ritos fúnebres, ou seja, o velório, é espaço para que afluem ações em que podemos reconhecer a existência de uma estrutura social da comunidade católica. São oportunidades em que assomam representações coletivas ou sociais em torno do evento da morte e suas significações que apontam para aspectos relevantes dessa estrutura social. Não importando o local onde acorre o ato de velar o corpo, porque esse se transforma em espaço sagrado a partir da chegada do féretro, as pessoas que estão nesse espaço, segundo Radcliffe-Brown (1973: 222), estão ligadas entre si "por uma série definida de relações sociais em um todo integrado". Portanto, essa cerimônia, embora seja um evento periódico, é parte do conjunto da vida social e, segundo ele, não deixa de

Por que rezar pelos mortos?

ser um fator que contribui para manter a continuidade estrutural da sociedade.

O velório e a cerimônia das exéquias, dependendo da situação e da condição, podem dar-se na casa da pessoa falecida, em uma capela ou em outro espaço que se amolde à ocasião, sempre relacionado à atividade que o falecido exercia. Nos locais pesquisados, por se tratarem de grandes centros urbanos, os ritos fúnebres, como o ato de velar e encomendar o corpo, acontecem, na maioria das vezes, em locais apropriados, ou seja, no velório municipal, frequentemente um espaço anexado ao cemitério, ou na capela mortuária. Nos dias atuais, esses rituais poucas vezes ocorrem na casa do falecido ou na igreja, exceto em casos excepcionais, como da morte de um bispo ou padre, em que os ritos mortuários acontecem no interior da igreja. Nesses casos, até o sepultamento poderá acontecer nesse recinto, o que serve para distingui-los dos demais mortais. Por outro lado, os mais pobres, como alguns que presenciamos na periferia de Osasco, velam seus corpos em casa. É que para velar seus defuntos nos espaços oficiais, os Órgãos administradores, sejam eles públicos ou privados, cobram taxas para usá-los.

O espaço do velório, embora seja pago, é, ordinariamente, um lugar público, e o sentido das ações que ali ocorrem, muitas vezes, influenciam na conduta de outros, ou seja, elas acontecem instigadas pelo comportamento de outros. À vista disso, é um espaço de representações sociais de tendência mimética, como, por exemplo, se alguém desanda a chorar ou se lamentar, outros o seguem instintivamente, sem que haja orientação para que isso ocorra. Durkheim afirma com isso que "o estado afetivo no qual o grupo se encontra então reflete as circunstâncias que atravessa" (Durkheim, 1989: 474). Há, portanto, um efeito contagiante, ou seja, "não somente os próximos mais diretamente atingidos trazem para a assembleia sua dor pessoal, mas a sociedade exerce sobre seus membros uma pressão moral para que coloque seus sentimentos em harmonia com a situação" (Durkheim, 1989: 474). Ali estão, portanto, pessoas desempenhando condutas influenciáveis, sejam as mesmas ações ou reações de comoção ou emoção pela morte de um ente querido, ou, simplesmente, por reações de imitação ou adaptação ao contexto. Podem ser também motivadas por fatores externos, como um discurso inflamado de alguém presente, um canto elegíaco, ou mesmo, um comovente choro alheio, motivado por um profissional dos ritos fúnebres, outrora chamado de *carpideira*.

Os profissionais dos ritos fúnebres são pessoas contratadas para motivar, por meio dos mais diversificados recursos e métodos, a emoção nos funerais, principalmente aqueles marcados por uma atmosfera insípida. Dentre as ações desses profissionais, que objetivam estimular a reação de outros, registramos um caso peculiar, exercido por Itha Rocha, uma carpideira profissional que atua na cidade de São Paulo, cuja conduta nos velórios destina-se a ir além de uma representação teatral. Ela intenta provocar determinados estados na alma, como sugeriu Weber (1983: 74), naqueles que circundam o féretro, como, por exemplo, as lágrimas dos presentes motivadas pelas suas. Diz ela que sua

Por que rezar pelos mortos?

função é induzir o choro, funcionando, assim, como alguém que faz os presentes desabafar pelas lágrimas (Sampaio, 2003: 6). Essa ação se configura em uma relação de sintonia entre sua conduta e a conduta dos outros, cuja função é proporcionar a todos o sentimento de pesar, que é costume nos velórios, simulando, assim, um efeito contagiante entre os presentes que, por a verem chorar, acabam por imitar seu comportamento, mesmo que a pessoa falecida não tenha tido tanta importância em sua vida.

Diante desse dado da importância da demonstração de comoção nos velórios, há pessoas que simulam tais sentimentos para aglutinar as relações com a família enlutada. Durkheim (1989: 474) afirma que, em situações como essas, ficar indiferente ao golpe que abate a família seria proclamar que ela não ocupa nenhum lugar em seu coração. Seria, portanto, excluir-se da família e de seu círculo de amizades. Segundo ele, "uma família que tolera que um de seus possa morrer sem ser chorado demonstra com isso que carece de uma unidade moral e de coesão: ela abdica; renuncia a ser" (Durkheim, 1989: 475). À vista disso, quem não chora em um velório demonstra seu desligamento afetivo com a família, correndo o risco de romper laços sociais e, portanto, ser excluído. De acordo com Durkheim, "o indivíduo, quando está firmemente vinculado à sociedade de que faz parte, sente-se moralmente obrigado a participar de suas tristezas e de suas alegrias" (Durkheim, 1989: 475). Chorar nos velórios são, portanto, mais que costume social, e a função desses "motivadores" do choro é evocar determinada parte da vida social que tem ficado em segundo plano, proporcionando, assim, o exercício de uma atividade que é tradicional à totalidade do grupo e que, além de auxiliar na elaboração do luto, ajuda no processo de integração dos que se acercam. Nos dizeres de Durkheim, "desinteressar-se seria romper os laços que o unem à coletividade; seria renunciar a querê-la, e se contradizer" (Durkheim, 1989: 475). Desse modo, o choro, a tristeza são, antes de tudo, para firmar os laços sociais que os mantêm incluídos no grupo. Para Durkheim, nessas circunstâncias, quando as pessoas choram ou gemem, "não é simplesmente para traduzir uma dor individual; é para cumprir um dever a cujo sentimento a sociedade circundante não deixa de lembrá-lo oportunamente" (Durkheim, 1989: 475).

De acordo com Radcliffe-Brown, "a função de determinado costume social é a contribuição que este oferece à vida social total como funcionamento do sistema social total" (Radcliffe-Brown, 1973: 224). Desse modo, um velório em que muitos pranteiam, figura não apenas a importância do falecido e da família dentro de um sistema social, mas certa unidade a qual Radcliffe-Brown chamou de *unidade funcional*, cuja função é promover um grau suficiente de harmonia, apaziguando ânimos mais exaltados e possíveis conflitos provenientes de diversas situações que possam emergir nesses espaços, como afirma George Balandier sobre a função do rito. Afirma ele que, "por meio do rito, os conflitos, as desorganizações, os males são temporariamente transformados; o rito não age nem como um meio de repressão, nem como um exutório; capta as energias que se desprendem dessas situações para converter positivamente, faz do que é

Por que rezar pelos mortos?

provocador de confrontos, de ferida social e de degradação individual, um fator de reconstrução e de coesão" (Balandier, 1997: 35). À vista disso, em alguns lugares, ainda vigora o costume, embora adaptado aos tempos atuais e com muita discrição, de contratar carpideiras para chorar o morto. Essa é a função da carpideira citada, Itha Rocha, profissional dos ritos fúnebres que descreve sua vocação para a profissão, da seguinte forma: "Venho de uma família de carpideiras. Minha bisavó, minha avó, minha mãe eram. Somos 12 irmãos, e, lá em casa, até os homens choram fácil. Desde criança, não podia saber de um enterro que saía correndo para chorar no velório e carregar o caixão" (Itha Rocha. In; Sampaio, 2003: 6). Quando interrogada em que situação ela é contratada, responde: "a princípio, as pessoas me chamam para fazer uma homenagem ao morto, mandam-me como se fosse um buquê de flores, ou então para chorar, quando não conseguem, ou para fazer número no velório, se tiver pouca gente" (*Idem*, Sampaio, 2003: 6).

Dessa maneira, nota-se que o costume social de chorar os mortos e os rituais que envolvem o velório vão se adaptando e ganhando novos significados e novas funções no decorrer do tempo, sem perder sua essência, que corresponde a um momento de representação social dos sentimentos humanos. Seguimos, portanto, as orientações de Radcliffe-Brown: "a fim de definir determinado costume social, e, portanto, a fim de tornarem válidas as comparações entre os costumes de diferentes povos e épocas, é necessário considerar não apenas a forma de costume, mas também sua função" (Radcliffe-Brown, 1973: 226). Consideramos, dessa maneira, que, em distintas culturas e épocas, o choro é um elemento de coesão social. De acordo com Radcliffe-Brown, "a função de uma atividade social deve ser achada pelo exame de seus efeitos sobre os indivíduos" (Radcliffe-Brown, 1973: 227). Portanto, a atividade social da referida carpideira faz com que os demais que participam do velório identifiquem-se com ela e se sintam obrigados a apoiá-la, especialmente no que diz respeito ao choro e aos lamentos. Faremos, a seguir, a análise desses efeitos, sendo que um deles é, exatamente, a lágrima.

Marcel Mauss fala, em sua nota sobre as *lágrimas*, enviada a G. Dumas (1920), da "extrema generalidade desse emprego obrigatório e moral das lágrimas" (Mauss, 2001: 325) nos ritos funerários e mostra que, em partes, elas também "servem, em particular, como meio de saudação" (Mauss, 2001: 325). Ou seja, a lágrima auxilia na acolhida e no envio do morto, simbolizando receptividade e, ao mesmo tempo, um tipo de identificação que beira o parentesco entre os que estão no espaço sagrado onde se vela o morto. O ato de chorar durante o velório é, portanto, como sugeriu Mauss, uma espécie de "saudação pelas lágrimas" (Mauss, 2001: 325). Dessa forma, as lágrimas cumprem uma função em um rito fúnebre e, quando elas não vêm, entram em cena os profissionais do sagrado, aquelas personagens que são chamadas para motivar essa forma de "saudação" ao morto, demonstrando, por meio das lágrimas, um suposto respeito, uma admiração e um apreço pelo morto, no intuito de atingir os vivos que a ele se acercam. A presença de um profissional do sagrado nos velórios, não importando se

Por que rezar pelos mortos?

ele é um padre ou uma carpideira, funciona no ritual funerário também como um meio de exorcizar o medo da morte ou daquilo que pode causá-la. Mauss afirmou ser essa uma maneira de cantar o luto e a morte para injuriar, maldizer e encantar o inimigo causador da morte (Mauss, 2001: 331). Essas maneiras se encontram hoje nas já citadas orações, nos salmos e cânticos entoados durante a vigília fúnebre que falam da vida, que sucede a morte, como, por exemplo, a primeira Epístola aos Coríntios (cf. 1Cor 15, 12-20) que acentua a esperança na ressurreição como elemento confortador na hora da morte e também o Salmo 23 e o Evangelho de João (cf. Jo 14,1-6) que revelam a imagem de uma morada eterna, previamente preparada por Deus, como um lugar de segurança e paz, onde a morte não representa mais uma ameaça.

Enfim, as lágrimas servem também para aliviar a dureza do aniquilamento e apaziguar as rivalidades ou os desentendimentos com os membros da família, aproximando-os por meio do choro. Nesse contexto, podemos tratá-las como recurso inerente de conciliação funcional do complexo social que se estabelece em torno do evento da morte, o qual Radcliffe-Brown definiu "como condição pela qual todas as partes do sistema social atuam juntas com suficiente grau de harmonia ou consistência interna, isto é, sem ocasionar conflitos persistentes que nem podem ser solucionados nem controlados" (Radcliffe-Brown, 1973: 224). A carpideira Itha Rocha afirma empregar essa estratégia em ocasiões em que as desavenças entre os parentes se fazem evidentes durante o funeral. Disse ela: "Se em uma família tem uma banda A e uma B, que brigam já no velório pelas posses do morto, procuro aproximar os dois lados pelo choro" (Sampaio, 2003: 6), fazendo com que ambas as partes procedam da mesma forma. Dessa maneira, concorda-se também com Mauss (2001: 325) que apontou a lágrima e certos tipos de expressões orais dos sentimentos nos cultos funerários como fenômenos sociais marcados, eminentemente, pelo signo da não espontaneidade e da obrigação perfeita, ou seja, como parte de um costume social que ajuda na coesão do grupo. As pessoas ainda hoje se sentem compelidas a chorar por seus mortos para demonstrar algum tipo de sentimento e de unidade social.

É, portanto, nos espaços sagrados dos velórios que ocorrem, simultaneamente, diversos fenômenos sociais que são consequências da estrutura social pela qual estão unidos os agentes que atuam nesse território. Esses fenômenos podem ser observados de forma direta ou por meio da reconstrução, por meio de análise mais aprofundada da situação, sendo que todos estão implicados em uma ampla rede de relações sociais que envolvem muitas outras pessoas. Identificamos esses fenômenos sociais como representação social ou coletiva. Algumas dessas representações são detectadas nos tipos de ações e comportamentos supracitados, detectáveis em múltiplas ocasiões fúnebres. Elas estão permeadas nos discursos, nas vestimentas, nos símbolos característicos desses espaços ou mesmo no comportamento dos presentes, concretizando-se em condutas e na organização do espaço que influi, direta ou indiretamente, sobre o mundo dos demais. Nisso consis-

Por que rezar pelos mortos?

tem seu papel e sua eficácia social, preenchendo, dessa forma, como sugere Denise Jodelet, "certas funções na manutenção da identidade social e do equilíbrio sociocognitivo a ela ligados" (Jodelet, 2001: 35), adquirindo, dessa maneira, comunicabilidade mediante um processo de interação entre aquele que executa o ato e as demais pessoas, orientando pensamentos e atitudes. É desse modo que consideramos, aqui, outro tipo de comportamento registrado nessas circunstâncias, que contribui na investigação do velório como espaço de representações sociais.

De acordo com a afirmação de Louis-Vincent Thomas, "o sentido profundo e a função fundamental dos ritos funerários dizem respeito, sem dúvida, só ao homem vivo" (Thomas, 1996: 11). Assim sendo, as pessoas que vão aos velórios, não vão por causa do morto, mas pelos vivos que interagem com elas. À vista disso, tais ações são movidas por interesses específicos, como, por exemplo, o desejo de ser observado, contado entre os da estirpe do falecido, caso esse tenha sido influente na comunidade ou na sociedade. Isso ocorre, mormente, nas cerimônias mortuárias de famílias ou pessoas prestigiosas, como, por exemplo, velório de artistas, de homens públicos ou de pessoas de visibilidade midiática, como alguns esportistas; pode também ocorrer em velórios de pessoas comuns, que não estão isentas desse tipo de relações. Por meio de observações de campo, pudemos constatar que se persegue, nesses locais, uma oportunidade de ser alvo de perceptibilidade dos demais, cujo objetivo é ser visto pela família ou pelos membros desse meio social

José Carlos Pereira

e, com isso, acercar-se dela nesse momento de perturbação psicológica e imprecisão intelectiva, causadas pela morte, tendo, assim, a oportunidade de ser tratado como amigo, ou mesmo parente do falecido, ou, ainda, de reforçar laços, caso eles já existam, ou criá-los. Atua-se, nessas ocasiões, por meio de uma ação representativa, interagindo com os convidados, seja de forma direta ou de comportamentos, posturas ou símbolos, levando os demais a considerar que seja, de fato, alguém muito próximo daquele que morreu. Max Weber classificou esse tipo de ação social como *ação racional no que respeita aos fins* (Weber, 1983: 75), ou seja, é uma ação planejada, estimulada pelo anseio de inclusão social na estirpe dos famosos, oportunizada por uma situação inusitada, cuja finalidade é atingir fins previamente estipulados, racionalmente medidos e perseguidos. Enfim, serve-se, portanto, de uma ocasião fúnebre para viabilizar uma finalidade objetivada de incluir-se na qualidade desejada.

No domínio desse tipo de ação social racional, movida por finalidades específicas, que são a visibilidade e o desejo de lograr notoriedade por meio da popularidade de outros, registramos o depoimento de uma informante que elucida o que estamos tratando. Essa informante, que pediu para não ser identificada, informou-nos que costuma frequentar velórios de pessoas famosas, fazendo-se passar por parente ou amiga; dessa forma, tenta beneficiar-se de um suposto *status*, mesmo que esse seja algo momentâneo. Disse também que isso já lhe rendeu o que chamou de "instantes de fama", como, por exemplo, sair em jornais, revistas e

Por que rezar pelos mortos?

conceder entrevistas. Contou-nos também que, quando fica sabendo do falecimento de uma pessoa notória, procura logo se inteirar do lugar do velório, para onde se dirige imediatamente. No espaço, posiciona-se de forma estratégica, junto ao féretro, de modo que denote intimidade com o falecido. Afirmou que, na maioria das vezes, sua ousadia tem dado resultado, mas que também já passou por situações constrangedoras, como a de ser retirada da sala por seguranças ou se atrapalhar ao ser indagada por familiares sobre sua relação com o falecido. Nessas situações, disse usar sempre de um ardil convincente, mas quando não funciona o "jeito é se retirar discretamente" (sic). Disse ainda: "já fui impedida não sei quantas vezes de entrar em velórios por não ter credencial para apresentar aos seguranças" (sic). Fora os percalços daquilo que chamou de *hobby*, disse se sentir prestigiada quando lhe pesam pelo ocorrido ou quando lhe pedem para conceder entrevistas; concluiu dizendo que *isso vale qualquer sacrifício* (sic).

Mesmo que a maioria das cerimônias fúnebres de pessoas insignes seja em espaços privados do grande público, os que se enquadram na tipologia supracitada costumam driblar as normas de segurança e encontrar uma maneira de adentrar no recinto onde ocorre a solenidade fúnerea. Os velórios dessa categoria costumam entremostrar com mais destaque as representações sociais como modalidade de comportamento orientado para um tipo específico de comunicação, cujo objetivo é induzir o grupo social que se forma em torno do féretro à assimilação, seja no âmbito material ou simbólico, das reais intenções objetivadas, sem, contudo, haver suspeitas disso. Assim sendo, "as representações sociais são princípios geradores de tomadas de posição ligadas a inserções específicas em um conjunto de relações sociais e organizam os processos simbólicos que intervêm nessas relações" (Doise, 1986, *apud* Zani, 2001: 265). Os rituais fúnebres dos afamados, portanto, são ocasiões propícias para a formação de representações sociais, que, segundo Moscovici (1961), se constituem por meio dos processos de *objetivação* e de *ancoragem*, "provocados pelo efeito conjugado do funcionamento cognitivo social" (Zani, 2001: 265) formados nesse espaço. Afinal, essa modalidade de cerimônia oferece, de maneira simbólica, uma oportunidade momentânea de deferência social, algo que a informante disse não experimentar em seu dia a dia. À vista disso, vale-se de uma situação de comoção para, momentaneamente, acercar-se dos famosos. A informante que ofereceu esses dados a respeito dessa modalidade de representação social complementou afirmando que já se passou por ex-namorada do piloto Airton Senna por ocasião de seu funeral em 1994, e que, durante os rituais fúnebres de políticos famosos, como Luiz Eduardo Magalhães (1998) e Mário Covas (2001), chegou a ser confundida como parente. Enfim, as cerimônias fúnebres são propícias para o surgimento de situações que se configuram na busca de visibilidade.

Faz parte do velório a missa de corpo presente, porém esse não é um ritual comum. A Missa de corpo presente é celebrada somente se a pessoa falecida for do meio eclesiástico ou tiver tido algum tipo de representatividade na sociedade, como, por exemplo, se o

Por que rezar pelos mortos?

morto for uma autoridade (prefeito, governador ou presidente etc.) de prática católica. Essas especificações quanto ao local e à modalidade da cerimônia fúnebre contribuem para evidenciar as desigualdades e reforçar as diferenças sociais, configurando, assim, o poder simbólico da religião em um poder com dimensões políticas que legitimam hierarquias, conforme sentenciou Georges Balandier, ao afirmar que "o sagrado é uma das dimensões do campo político" (Balandier, 1969: 109) e que as cerimônias fúnebres, que se desenvolvem em distintos espaços sagrados, de acordo com diferentes categorias, inscrevem-se nesse sistema de representações sociais. Balandier afirma que "no caso de sociedades chamadas complexas, de hierarquias e autoridades nitidamente diferenciadas, as relações entre poder e religião não se modificam radicalmente" (Balandier, 1969: 102), pelo contrário, evidenciam-se na hora da morte, quando os espaços dos ritos fúnebres são nitidamente balizados de acordo com o *status* social.

Herança dos séculos passados, principalmente do século XIX, quando "as famílias se esforçavam por fazer dos enterros de seus membros um importante acontecimento social, expedindo dezenas e, às vezes, centenas de convites" (Reis, 1995: 129), os ritos funerais deste século, na metrópole paulistana e nas cidades adjacentes, como Osasco, apesar da circunspeção que lhes é própria, continuam sendo acontecimentos sociais importantes. Entre os indicadores da notoriedade do morto ainda está, entre outros fatores, o número de pessoas que comparecem ao ato fúnebre. À vista disso, ainda é comum anunciar nos jornais o fatídico ocorrido, além do convite para a cerimônia fúnebre. Ademais, durante o velório, usa-se um livro para registro dos presentes. Segundo João José Reis, "por todo século XIX, persistiu no Brasil a atitude de as famílias buscarem uma numerosa audiência para seus funerais" (Reis, 1995: 129), e, para ilustrar, Reis cita o fato narrado por Machado de Assis da senhora que "expediu oitenta convites para o enterro da filha, ficando desolada quando só contou doze pessoas presentes" (Reis, 1995: 130). Se, por um lado, os velórios com pouco público expõem a insignificância do defunto e, consecutivamente, de seus familiares, tornando-se, assim, um indicador da aceitabilidade e de seu grau de inclusão social, por outro, grande público, nesses eventos, é indicador da importância social do defunto, como vimos nos funerais do então presidente da República Tancredo Neves, em 1985, e do piloto Airton Senna, em 1994, entre outros, em que a comoção pública e aglomeração no acompanhamento do féretro expôs, cada um, a sua maneira, a importância social deles.

Assim sendo, os espaços e as ocasiões dos velórios, principalmente se eles forem de grandes proporções, servem como oportunidades para demonstrar símbolos de poder. Thomas Laqueur (1983: 109) mostra que esse comportamento social vem de outras épocas e culturas. Ao se referir aos funerais da era vitoriana na Inglaterra do século XIX, afirma a importância dos funerais como indicativos sociais de exclusão ou inclusão. Demonstra que "o funeral vitoriano representou o julgamento que a sociedade fazia de seus mortos. Significava uma celebração de sua posição econômica,

Por que rezar pelos mortos?

seu prestígio social, ou sua projeção política; ou significava uma representação da insignificância do morto" (Laqueur, 1983: 109). Assim sendo, os ritos funerais cumprem a função de revelar a influência, reputação e deferência, além da consideração, autoridade e reputação do morto e de seus familiares, ou mesmo o contrário de tudo isso. Segundo Reis, até "os conflitos sociais característicos dessa fase da história inglesa eram dramatizados nos funerais, refletindo-se no tamanho e na pompa dos cortejos que levavam adversários de classes ao cemitério" (Reis, 1995: 80).

Em alguns cemitérios, como é o caso do cemitério São Paulo, os espaços para os velórios são, sutilmente, divididos por categorias sociais. Na parte de baixo, em uma sala denominada "suíte", são velados os mortos de famílias de maior poder aquisitivo, enquanto que as duas salas do andar superior, sem elevador e identificadas apenas pelas letras A e B, são velados os corpos de pessoas de posição ou estrato social inferior. Em Osasco, até bem pouco tempo, essas divisões não eram por salas, mas por velórios. No velório denominado *Bela Vista*, ao lado do cemitério, com mesmo nome, e da catedral, região mais nobre, com amplas salas, equipadas com ar condicionado, poltronas almofadadas, serviço de bar e diversos ornamentos, eram velados os mais ricos, ao passo que os mais pobres, aqueles que não eram velados em casa, iam para o velório *A.C Costa*, à margem da barulhenta avenida, em um galpão com minúsculas salas, separadas apenas por uma divisória de madeira compensada, com pouco espaço e infraestrutura precária, que contribuíam para o mal-estar dos presentes. Nessas distintas realidades, seja a que constatamos no velório do cemitério São Paulo, ou na dos velórios de Osasco, em que ocorre boa parte dos rituais fúnebres de duas áreas pesquisadas, concluímos que esses *apartheids* de categorias sociais, que se evidenciam na hora da morte, confirmam os velórios como espaços que refletem o quadro social.

Não obstante essas diferenças, constatamos que ter um funeral minimamente decente é algo importante, mesmo para as pessoas comuns. Se a vida lhe propiciou exclusões, a morte tem de ser digna e deve, contudo, representar inclusão, mesmo que seja na dimensão do outro mundo. Ter um funeral de indigente simboliza, em um aspecto social e religioso, não apenas a legitimação da exclusão social, mas também a possibilidade de exclusão transcendente, sendo, portanto, os rituais do funeral também ritos de passagem, ou seja, não somente ritos de separação entre vivos e mortos, mas também, como sugeriu Arnold Van Gennep (1978), ritos de incorporação dos mortos em seu destino no além. Desse modo, é preciso, pois, que tenham dignidade, simbolizando, através de uma passagem triunfal, a vitória e não o fracasso na outra vida. Assim sendo, descreve Laqueur que "ser um indigente significava não apenas contemplar seu enterro com indignidade, tendo sua vida publicamente marcada com a mais profunda das derrotas, mas também tendo o próprio corpo, que nada valia em vida, vendido para a dissecação até mesmo quando se deixava de possuí-lo" (Laqueur, 1983: 109). Dessa maneira, compreende-se porque, nos dias atuais, ainda há a preocupação em preparar o funeral e

Por que rezar pelos mortos?

o cadáver da melhor maneira possível, vestindo-o com boas roupas, retocando sua aparência e propiciando-lhe uma feição mais aprazível. Quanto ao ambiente, colocam-se flores, de preferência, de boa qualidade, boa urna funerária, perfume no ambiente e outros elementos que despistem o horror da morte. Nisso também se constata a diferença entre os funerais. O funeral dos pobres, além da urna simples, os adornos, como os objetos que os cercam e as flores, são igualmente triviais. Enquanto os esquifes dos que têm melhor condição social levam rosas ou outras flores mais nobres, os dos pobres são adornados com flores baratas como os crisântemos.

Além do dado da representação social no espaço da morte, há ainda uma crença comum nas realidades rurais, que foi trazida para o mundo urbano, de que se o falecido não tiver um bom ritual de passagem terá dificuldade de ser incluído no reino dos céus, ficando, dessa forma, vagando no mundo como *alma penada*. Essa é uma crença antiga que ainda sobrevive no imaginário religioso, como pudemos constatar por meio de nossos informantes, tanto na periferia como no centro, e de Van Gennep. "As pessoas para quem não se observam os ritos funerários são condenadas a uma penosa existência, pois nunca podem entrar no mundo dos mortos ou se incorporar à sociedade lá estabelecida. Esses são os mais perigosos dos mortos. Eles desejam ser reincorporados ao mundo dos vivos, e, porque não podem sê-lo, comportam-se em relação a ele como forasteiros hostis. Eles carecem dos meios de subsistência que os outros mortos encontram em seu próprio mundo e, consequentemente, devem obtê-los às custas

José Carlos Pereira

dos vivos. Ademais, esses mortos sem lugar ou casa, às vezes, possuem um desejo intenso de vingança" (Van Gennep, 1978: 164).

Portanto, o medo dos mortos e a convicção da existência de lugares *assombrados*, para onde eles voltam para incomodar os vivos, comum até mesmo entre os que com eles conviveram, explica-se a partir dessa crença. O senso comum atribui essas supostas manifestações a pessoas que morreram sem ter tido um funeral digno, como nos informou Maria dos Santos Silva, do Jardim Primavera, periferia de Osasco. Ela teve um vizinho assassinado e sepultado sem os devidos rituais. De acordo com sua crença, no lugar onde ocorreu a tragédia, já foram vistas coisas assustadoras, ou seja, o lugar ficou *mal-assombrado*. Segundo ela, pela falta do ritual do sepultamento e de orações, a pessoa entrou no mundo das sombras, voltando constantemente a assustar os vivos. Assim, acercam-se dos rituais fúnebres alguns cuidados, uns que não passam de cuidados oriundos do medo ou de superstições e outros que são cuidados sanitários.

João José Reis afirma que, no século XIX, a primeira providência era preparar o defunto para o velório e tratar do funeral, sendo que "o cuidado com o cadáver era da maior importância, uma das garantias de que a alma não ficaria por aqui penando. Cortavam-se o cabelo, barba, unhas" (Reis, 1995: 114). Conforme constatou Claude Lévi-Strauss, "a representação que uma sociedade cria para a relação entre os vivos e os mortos reduz-se a um esforço para esconder, embelezar ou justificar, no plano do pensamento religioso, as relações reais que prevalecem entre os vivos" (Lévi-Strauss, 2004: 230).

Por que rezar pelos mortos?

Todos esses rituais de preparação do morto, visa, por um lado, enviá-lo de forma digna para outra dimensão e, por outro, apresentá-lo ao público da forma mais natural possível, amenizando, assim, o impacto da morte.

Há casos em que o estado do cadáver não permite a preparação do corpo, e, nessas condições, a urna é lacrada para o velório, para que ninguém veja sua desfiguração. Além disso, encurta-se o tempo em que o féretro fica em exposição. Quando as circunstâncias permitem, é comum encaminhar o corpo para os serviços especializados em disfarçar os reais aspectos do defunto. Constatamos que boa parte dos corpos velados no cemitério São Paulo passa por esse processo de tratamento na aparência, enquanto que os corpos oriundos das periferias não tinham nenhum tratamento para disfarçar a aparência. Nesses, escancarava-se, por entre os crisântemos de um branco tisnado, a face cruel da morte estampada no pálido rosto do defunto cheirando a formol.

Os cuidados com o corpo da pessoa falecida, antes de expô-lo para os ritos funerais, é uma forma de dissimular o aspecto degradante da morte, réplica de um modelo social que dá primazia à "boa aparência" e contribui para incluir ou excluir alguém de seus quadros a partir de tal critério. É, portanto, uma metáfora da realidade social em que prevalece a noção de que a realização de rituais funerários adequados é fundamental para a inclusão social e espiritual de vivos e mortos. Esse sentimento de que o morto será incluído ou excluído, de acordo com o ritual, não ocorre apenas da parte dos familiares, mas também daqueles que participam dos ritos fúnebres. Os elementos inclusivos desses rituais ainda permanecem no imaginário religioso e, embora muita coisa tenha mudado, o dado da aparência do morto e do espaço do funeral como espaço social, continua tendo importante significado nos rituais católicos, uma vez que eles contribuem para apaziguar a violência da morte.

Acerca desse tema, a religião católica tem seus ícones expositores da imagem da morte de forma bela e singela. Encontramo-la, entre outras, na figura do Jesus morto, que se expõe para a adoração dos fiéis na Sexta-feira Santa (Pereira, 2005b: 243), e na escultura da *Pietá*, de Michelangelo (1498/1499). Na primeira imagem, o Cristo, descido da Cruz, desfaz a figura da morte violenta ou da violência da morte, que desfigura a vida, com uma imagem serena que pode ser tocada, beijada, venerada, isenta da desfiguração e do medo, sendo, portanto, uma imagem mais próxima do sono que da própria morte, porque busca dar ao que morreu a fisionomia de quem está apenas dormindo. Na segunda, figurada na *Pietá*, a mãe coloca o corpo do filho morto em seu regaço como quem embala o rebento adormecido. Ambas passam a imagem da morte como um sono tranquilo. A mitologia grega já previa essa aproximação entre o *sono* e a *morte* ao afirmar que *Hípinos* é irmão gêmeo de *Tânatos,* intercalando duas representações simbólicas, que contribuem para amenizar a dor do passamento, do vazio, da perda que a morte provoca, possibilitando que aquilo que é tido como diabólico se torne simbólico (Pereira, 2002). Quando não é possível reproduzir na morte essa imagem similar ao sono, busca--se uma forma de não expô-la, dissimulando, assim, algo

Por que rezar pelos mortos?

maléfico que ela possa representar. Assim sendo, procura-se adaptar os espaços dos velórios para que adquiram aspectos mais agradáveis.

Dessa forma, as cerimônias fúnebres ainda cumprem funções relevantes na sociedade, como, por exemplo, o poder de unir as pessoas. Durkheim afirma que "quando um indivíduo morre, o grupo familial ao qual pertence se sente diminuído e, para reagir contra essa diminuição, ele se reúne" (Durkheim, 1989: 474). Em minhas pesquisas de campo, registrei diversos depoimentos de pessoas que disseram que só conseguiram reunir toda a família por ocasião da morte de um ente querido. De acordo com Durkheim, "um infortúnio comum tem os mesmos efeitos que aproximação de acontecimento feliz: ele reaviva sentimentos coletivos que, por conseguinte, levam os indivíduos a se procurarem e a se aproximarem" (Durkheim, 1989: 474). Constatei essa necessidade em diversos velórios de que participei, sejam os do centro de São Paulo, seja os da periferia de Osasco. Em ambos vi que, em boa parte deles, as pessoas se abraçam, choram juntas, prometem permanecerem sempre unidas; houve casos em que relações entre irmãos, rompidas há anos, reataram-se por ocasião da morte de um dos progenitores. Não obstante tudo isso e a outras coisas mais que a cerimônia fúnebre do velório significa, que já elucidei anteriormente, destaco, sobretudo, que, em certas ocasiões, esse se torna também um momento oportuno de reencontrar pessoas.

Mormente, tal ritual funciona como mecanismo de recolocação da vida social no curso de sua normalidade interrompida pela morte. Como vimos, a morte é um evento social que desestrutura, desordena a vida, e isso é tido, muitas vezes, como algo revoltante, assustador e, portanto, indesejável. À vista disso, Georges Balandier afirma que "o cerimonial dos funerais, na medida em que a morte é encarada sob o signo da desordem e do escândalo, é também um processo de recolocação em bom estado; revela, por seus atores, as relações sociais fundamentais, estabelece intensa relação com o sagrado" (Balandier, 1969: 104). Sagrado esse que, além de colocar ordem na situação desordenada pela morte, fortalece aqueles que estão mais diretamente envolvidos com a perda do ente querido.

A seguir, vejamos sobre as exéquias e seu ritual, elemento importante dentro dos ritos fúnebres.

b) As exéquias

De acordo com o Catecismo da Igreja, "os funerais cristãos não conferem ao defunto nem sacramento nem sacramental, pois ele 'passou' para além da economia sacramental" (CaIC, 1993: 396 § 1684). Portanto, o ritual das exéquias não é sacramento, podendo, portanto, ser guiado por uma pessoa que não tenha recebido o sacramento da ordem. Mesmo assim, ele não deixa de ser uma celebração litúrgica, contando, portanto, com a orientação e o aval da Igreja. Em muitos lugares, a presença do padre no velório, por tudo que ele representa, é solicitada pela família, mesmo que um ministro leigo já tenha feito um ritual similar. Quanto a isso, constatamos, em dois locais pesquisados (Cemitério São Paulo e antigo velório Bela Vista, em Osasco),

Por que rezar pelos mortos?

que são duas realidades bem distintas: na primeira, no cemitério São Paulo, o padre sempre é chamado, e a família retribui, geralmente com dinheiro, para a realização da cerimônia; na segunda (no cemitério Bela Vista, em Osasco), o padre nem sempre é chamado e, quando isso ocorre, não há gratificação financeira para o exercício da função. Esse fato requer uma breve menção sobre essa relação de troca entre os fiéis e os gerenciadores do sagrado nessas ocasiões. No que concerne ao pagamento para a realização do ritual das exéquias, assim rezam as normas da Igreja: "quanto às ofertas por ocasião de funerais, observem-se as prescrições do cân. 1264, evitando-se, porém, que nas exéquias haja discriminação de pessoas ou que os pobres sejam privados das devidas exéquias" (CIC, 1987: 519, cân. 1181). Tal cânone (1264) afirma que as taxas ou ofertas por ocasião da administração dos sacramentos e sacramentais, dos quais, indiretamente, a cerimônia das exéquias participa, compete à reunião dos Bispos, que, ao estipularem um valor real pelo ato ou permitir que se cobre por ele, devem se preocupar com o risco da exclusão daqueles que não podem contribuir. De uma ou de outra forma, como não há relacionamento isento de interesses, existe também, nessas circunstâncias, uma relação de troca, mesmo que essa seja apenas simbólica e que ambas as partes, cada uma a sua maneira, acordem com ela.

Na referida área em que não vigora o costume de pagar em dinheiro o ato, predomina a presença dos ministros leigos nos velórios, que exercem o ofício como uma atividade pastoral da igreja, ou seja, são, geralmente, membros da pastoral da esperança ou, ainda,

José Carlos Pereira

pessoas piedosas que, por tradição, costumam rezar nos funerais. São elas que preparam a cerimônia e conduzem todo o ritual. Portanto, sejam leigos ou sacerdotes, a função desses agentes dos ritos fúnebres é agir em nome de uma Instituição que detém o controle dos poderes divinos, buscando mostrar, nesse ato, aquilo que a Igreja recomenda, isto é, "tanto exprimir a comunhão eficaz com o *defunto* quanto fazer a *comunidade* reunida participar nas exéquias e lhe anunciar a vida eterna" (CaIC, 1993: 396). Segundo o Catecismo da Igreja, independentemente da situação ou região, "os diferentes ritos dos funerais exprimem o *caráter pascal* da morte cristã" (CaIC, 1993: 396), sendo, portanto, de suma importância para a passagem, isto é, para inclusão do morto na vida eterna e auxiliá-lo, espiritualmente, nesse processo.

Os funerais são, pois, ritos que confirmam o passamento e consolam os que ficam, conferindo esperança. À vista disso, tal cerimônia é chamada também de "celebração da esperança". Porém, o que se espera com ela? Entre outras coisas, espera-se que, por meio desse ritual, a encomendação da alma a Deus seja, de fato, recebida no Reino dos Céus. Essa característica inclusiva das exéquias, como rito de passagem, esperança e consolo, encontra-se, a sua maneira, fundamentada e recomendada no Código de Direito Canônico, que confirma: "as exéquias eclesiásticas, com as quais a Igreja suplica para os defuntos o auxílio espiritual, honra seus corpos e, ao mesmo tempo, dá aos vivos o consolo da esperança, sejam celebradas de acordo com as leis litúrgicas" (CIC, 1987: 517, cân. 1176, § 2). Para a

Por que rezar pelos mortos?

Igreja Católica, celebrar de acordo com as leis litúrgicas corresponde fazer desse ato fúnebre um acontecimento tutelado pelos poderes simbólicos da religião, para, entre outras orientações, manter a tradição de sepultar os corpos. Diz o texto: "a Igreja recomenda insistentemente que se conserve o costume de sepultar os corpos dos defuntos" (CIC, cân. 1176, § 3). Muitos se sentem mais seguros em saber que terão um lugar, um espaço sagrado visível, que são os cemitérios, para visitar e chorar seus mortos em ocasiões oportunas ou quando a dor da ausência parecer insuportável. Mas, perante a Igreja, como ficam as situações em que a família decide cremar o corpo de seu ente querido? O documento afirma: "não se proíbe a cremação, a não ser que tenha sido escolhida por motivos contrários à doutrina cristã" (CIC, cân. 1176, § 3). Nesses casos, a alma é considerada excluída, não tendo, portanto, o aval da Igreja para sua inclusão no paraíso. Assim sendo, a exclusão ocorre porque os motivos da cremação não estão submetidos ao poder simbólico da religião. Dessa forma, para os católicos, é aconselhável o sepultamento em vez da cremação.

Segundo Mircea Eliade (1996: 151), "para certos povos, só o sepultamento ritual confirma a morte: aquele que não é enterrado segundo o costume não está morto. Além disso, a morte de uma pessoa só é reconhecida como válida depois da realização das cerimônias funerárias" e do sepultamento. No catolicismo, logo após a confirmação do falecimento e da liberação médica do corpo, ocorre a cerimônia fúnebre, conhecida como velório, ritual de preparação para o sepultamen-

José Carlos Pereira

to. Trata-se, portanto, de um evento coletivo, em que as pessoas permanecem velando o defunto exposto, durante as horas que precedem à inumação. Quando se aproxima o momento do enterro, sucede, então, o ritual das exéquias, popularmente conhecido como encomendação da alma. Thales de Azevedo chama esse momento de "ritos de sacralização da passagem, em que o corpo do defunto é posto na terra como semente que ressurgirá no dia do julgamento final" (Azevedo, 1987: 62). É um ato religioso, geralmente feito por um padre ou, na ausência dele, outra pessoa, que se incumbe de presidir a cerimônia em que a alma do morto é encomendada a Deus, por meio dos devidos rituais. O Código de Direito Canônico "não determina quem é o ministro das exéquias. Isso corresponde aos livros litúrgicos. A pedido da CNBB, a Sagrada Congregação para o Culto Divino (22 de abril de 1971) permite que, no Brasil, as exéquias possam ser oficiadas por leigos" (cf. nota: CIC, 1987: 518).

Segundo o Catecismo da Igreja, "o *Ordo Exsequiarum* (OEx) da liturgia romana propõe três tipos de celebrações dos funerais, correspondendo aos três lugares onde acontece (a casa, a igreja, o cemitério) e segundo a importância que a ele atribuem a família, os costumes locais, a cultura e a piedade popular" (CaIC, 1993: 396, § 1686). Vimos que estes fatores (local, cultura e piedade popular) influenciam de fato quanto ao espaço escolhido, mas, por outro lado, apontam também para outro dado relevante: o grau de exclusão e de inclusão religiosa e social daquele que faleceu e sua família. Portanto, os espaços onde se realizam os velórios revelam

Por que rezar pelos mortos?

características sociais importantes no mapa das desigualdades. Funcionam como indicadores dos fatores de exclusão social e religiosa.

Vocês sabiam que nem todas as pessoas podem receber a encomendação da alma? Há algumas situações em que a Igreja recomenda que não haja cerimônia de exéquias. O capítulo II do Código de Direito Canônico diz, assim, daqueles aos quais se devem negar exéquias eclesiásticas: "Devem ser privados das exéquias eclesiásticas, a não ser que antes de morrer tenham dado algum sinal de penitência: 1º os apóstatas, hereges e cismáticos notórios; 2º os que tiverem escolhido a cremação de seu corpo por motivos contrários à fé cristã; 3º outros pecadores manifestos, aos quais não se possam conceder exéquias eclesiásticas sem escândalo público dos fiéis. Em caso de dúvida, seja consultado o Ordinário local, a cujo juízo se deve obedecer" (CIC, cân 1184, §§ 1-2). E conclui: "a quem se negarem exéquias eclesiásticas, deve-se negar também qualquer missa exequial" (CIC, cân. 1185). Ou seja, a Igreja se vê no direito de negar tanto a Missa de corpo presente quanto a do sétimo dia ou qualquer outra intenção de Missa àqueles que se enquadram nessas categorias. Desse modo, o falecido está totalmente excluído dessa e da outra vida. Porém, somente o bispo (ordinário local) tem poder para definir quem deve ser ou não excluído. Nesses casos, ele deve sempre ser consultado.

Quanto ao rito das exéquias propriamente dito, de acordo com Radcliffe-Brown, é o desdobramento da vida social, por isso examiná-lo, em um todo integrado de relações, atividades e interações sociais, seja de indivíduos ou de grupos, faz-se necessário para entendermos o funcionamento da estrutura social. Dessa forma, os rituais da morte, como, no caso, as exéquias, são a estrutura social, "desempenha na vida social como um todo e, portanto, a contribuição que faz para a manutenção da continuidade estrutural" (Radcliffe-Brown, 1973: 223) por meio da cerimônia fúnebre. O desenrolar dos ritos fúnebres, compreendidos como exéquias, abrange quatro momentos principais: o acolhimento dos presentes; a liturgia da Palavra; o sacrifício Eucarístico; o adeus (CaIC, 1993: 396). É recomendado que as exéquias sejam feitas um pouco antes do sepultamento e não no início do processo de veladura do corpo. Isso favorece a participação de mais pessoas, tendo em vista que, no momento em que o sepultamento se aproxima, de acordo com a tradição, concentra-se mais o público em torno do evento. Assim sendo, nas horas finais do velório, o sacerdote, ou, na ausência dele, uma pessoa designada para dirigir o ritual, saúda a todos os presentes com estas ou outras palavras similares: "Meus irmãos, estamos aqui reunidos para rezar por N., que hoje terminou sua caminhada na terra. Queremos agora professar nossa fé na ressurreição e elevar nossas preces ao Deus da vida para que nosso irmão (ou irmã) N. seja acolhido (a) pelos anjos e santos no festim da eternidade" (Ritual das Exéquias, 1975: 221).

Após essa fórmula inicial, reza-se uma antífona, cujo teor versa sobre a misericórdia de Deus e sobre o consolo na hora da tribulação. Depois, entoa-se um Salmo elegíaco, como, por exemplo, o Salmo 129, que fala da

Por que rezar pelos mortos?

esperança da alma no Senhor ou, ainda, o Salmo 22, que apresenta um Deus pastor, que conduz as almas como um rebanho a verdes pastagens. Nele, a alma espera no Senhor, em quem tem profunda confiança. São, portanto, Salmos apropriados para o ritual das exéquias, em que, mesmo em se tratando da morte, recomenda-se falar sobre a esperança na vida, mesmo que esta seja em outro plano. Durante a recitação do Salmo, os presentes são convidados a repetirem a antífona, o refrão ou ainda todo o Salmo, em uma espécie de lamento e confiança. Seguido do Salmo, é feita a oração seguinte, em que todos os presentes são convidados a estender a mão na direção do féretro e rezar juntos.

> "Pai de misericórdia e Deus de toda consolação, vós nos acompanhais com amor eterno, transformando as sombras da morte em aurora de vida. Olhai agora compassivo as lágrimas de vossos filhos. Dai-nos, Senhor, vossa força e proteção para que a noite de nossa tristeza se ilumine com a luz de vossa paz. Vosso Filho e Senhor nosso, morrendo, destruiu nossa morte e, ressurgindo, deu-nos novamente a vida. Dai-nos a graça de ir a seu encontro para que, após a caminhada desta vida, estejamos um dia reunidos com nossos irmãos onde todas as lágrimas serão enxugadas" (Ritual das Exéquias, 1975: 223).

Após essa oração, que fala do reconhecimento da morte como um fim comum a todos, são feitas leituras bíbli-

José Carlos Pereira

cas que estimulam a crença na ressurreição como única forma de consolo diante da efetiva perda. Depois da leitura, o sacerdote ou o dirigente diz algumas palavras de esperança aos presentes, motivando-os a se manifestarem por meio de pedidos a Deus, detentor dos mistérios da morte. Esse momento é concluído com uma oração que congrega todos os pedidos e lamentos manifestados e os remete à divindade. O momento posterior segue com a oração da encomendação, propriamente dita:

> "Pai Santo, Deus eterno e todo-poderoso, nós vos pedimos pela alma de N. que chamastes deste mundo. Dai-lhe a felicidade, a luz e a paz. Que ele (a), tendo passado pela morte, participe do convívio de vossos santos na luz eterna como prometestes a Abraão e a sua descendência. Que sua alma nada sofra, e vos digneis ressuscitá-la com vossos santos no dia da ressurreição e da recompensa. Perdoai-lhe seus pecados para que alcance junto a vós a vida imortal no Reino eterno" (Ritual das Exéquias, 1975: 229).

Na subsequência dessa imprescindível oração, encaminham-se os ritos finais, que incluem a seguinte fórmula, repetida por todos, três vezes: *Dai-lhe Senhor o descanso eterno e a luz perpétua o(a) ilumine.*

Além disso, abençoam-se o morto e os presentes e todos se preparam para o momento do sepultamento. Em alguns lugares é costume, antes de sepultar, fazer um cortejo com o corpo até a igreja. Durante o séquito,

Por que rezar pelos mortos?

entoam-se cantos, salmos e orações. Nas duas regiões onde desenvolvemos esta pesquisa, esse costume já foi extinto. O único acompanhamento do féretro acontece quando este é retirado da sala do velório e conduzido até o local do sepultamento. Em São Paulo, quando o enterro é em outro cemitério, esse trajeto é acompanhado com veículos; em Osasco, devido à curta distância entre o velório e o cemitério, o itinerário é feito a pé, exceto quando o velório ocorre em casa, prática ainda comum na periferia. Chegando ao local onde o corpo será sepultado, é feita a seguinte oração, ou outra sugerida pelo ritual:

> "Como Deus todo-poderoso chamou para si o nosso irmão/ nossa irmã N. entregamos seu corpo à terra de onde veio. Mas o Cristo, que ressuscitou como primogênito dentre os mortos, há de transformar nosso corpo à imagem de seu corpo glorificado. Recomendemos, pois, ao Senhor este nosso irmão/ esta nossa irmã para que ele/ela o receba em sua paz e lhe conceda a ressurreição do corpo no último dia" (Ritual das Exéquias, 1975: 242).

Todos continuam em silêncio por alguns instantes, em seguida, reza-se um dos responsórios sugeridos no rito do sepultamento, e o sacerdote, ou ministro, dá a bênção, que poderá ser com a seguinte fórmula:

> "Senhor Jesus Cristo, permanecendo três dias no sepulcro, santificastes os túmulos de vossos fiéis, para que, recebendo nossos corpos, fizessem crescer a esperança de nossa ressurreição. Que N., nosso irmão/ nossa irmã, descanse em paz neste sepulcro até que vós, ressurreição e vida, ressuscite-o para contemplar a luz eterna na visão de vossa face" (Ritual das Exéquias, 1975: 249).

Enquanto o corpo é descido à cova, os presentes costumam jogar punhados de terra e flores. Se conveniente, após o sepultamento, rezam-se a oração dos fiéis, seguida da oração final e bênção do envio a todos os presentes, que, aos poucos, vão deixando o local em silêncio, interrompido apenas pelo choro de alguns familiares mais emocionados. Nos dias que se seguem à morte, terão sequência os ritos fúnebres, por meio do luto e da Missa de sétimo dia, como veremos mais adiante.

A seguir, trato de outra modalidade de cerimônia fúnebre: a Missa do sétimo dia, que faz parte do empenho no combate contra as sequelas da perda, que se configura no aniquilamento humano, fator de dissolução da vida, cujas consequências são exorcizadas por meio desse ritual.

6

O SIGNIFICADO
DA MISSA DO SÉTIMO DIA

A Missa do sétimo dia é um ritual de estreita ligação com o luto, porque uma de suas funções é, precisamente, a de delimitar o período de resguardo depois do ocorrido fatídico, em que sobrevém uma espécie de transformação na vida da família. Dessa forma, é importante não desvinculá-la do conjunto que envolve o estado de luto. A missa, como parte integrante dessa condição e, talvez, essencial, na tradição católica, consiste, portanto, em um marco simbólico divisório entre o episódio da morte e o retorno da normalidade no cotidiano da vida dos familiares.

A Missa do sétimo dia tornou-se um momento forte de solidariedade social, ocasião em que os parentes, além dos amigos mais achegados, reúnem-se para fazer a entrega definitiva nas mãos de Deus, daquela pessoa que fora chamada deste mundo. Portanto, afora a devoção e a crença na acolhida divina, um círculo de relações sociais se forma em volta desse acontecimento.

Sabe-se que é uma tradição que se formou na história da Igreja, com a intenção de sufragar a alma da pessoa falecida, cuja origem descende de antigos ritos mortuários e do costume de se celebrar missa por oca-

Por que rezar pelos mortos?

sião da morte. Missa esta que era rezada, a princípio, diante do cadáver da pessoa, chamada de missa de corpo presente. Até certo tempo isso era uma prática comum, principalmente nos vilarejos e nas cidades do interior, em que a escassez de padre não era tanta. Antes que a missa de corpo presente se tornasse inviável, já se havia instalado, no imaginário popular católico, a obrigação de mandar rezar missa pelos mortos.

Como vimos anteriormente, na Bíblia, a simbologia dos números atribui ao sete e a seus correlatos os significados de "totalidade, plenitude, completação ou perfeição" (Mackenzie, 1983: 873). A referência ao número sete e a seus derivados (setecentos, setenta, sétimo) aparece na Bíblia, em diversos livros, somando um total de 662 vezes, segundo o dicionário de Concordância Bíblica (Sociedade Bíblica do Brasil, 1975: 955). Destarte, diversos relatos, como, por exemplo, a narração do livro do Gênesis (cf. Gn 2,2), mostram que Deus levou sete dias para criar o mundo e, quanto terminou, vendo que era bom, perfeito, descansou. Portanto, fazendo um paralelismo dessa passagem com a Missa do sétimo dia, aquela pessoa, após cumprir sua missão nesta terra, poderá agora também descansar.

Observamos que várias dessas referências bíblicas estão relacionadas, diretamente, com as cerimônias fúnebres e com os tipos de comportamentos nessa categoria de evento, como, por exemplo, o ato de chorar, jejuar e fazer penitências, além de lamentar e reagir agressivamente. Quanto aos relatos bíblicos sobre os rituais da morte, o livro do Gênesis descreve que, quando morreu Jacó, um dos patriarcas do Antigo Testamento, "fizeram um funeral grandioso e solene, e José guardou por seu pai um luto por sete dias" (cf. Gn50,10). O primeiro livro de Samuel afirma que, por ocasião da morte do rei Saul, seus comparsas guerreiros, em uma cerimônia fúnebre, queimaram seu corpo e depois enterraram os ossos debaixo de uma árvore, fazendo um jejum de sete dias (cf. 1Sm, 31,13). Outras duas passagens bíblicas que refere à morte e a seus sete dias posteriores estão nos livros de Judite e Eclesiástico. O primeiro afirma que, quando morreu Judite, a heroína do povo hebreu, os israelitas fizeram luto por sete dias (cf. Jd 16,24); o livro do Eclesiástico afirma que "o luto pelo morto dura sete dias" (cf. Eclo22,11). Dessa maneira, ganha respaldo bíblico a crença de que é necessário ficar de luto durante sete dias para eliminar as interferências da morte na vida dos familiares e, com isso, diluir a dor. A devoção católica convencionou encerrar esse ciclo com a referida cerimônia, chamada de Missa do sétimo dia.

Desse modo, um refinamento do simbolismo do número sete, adaptado ao costume que se formou em torno dessa cerimônia fúnebre, confere ao fiel católico a confiança de que seu ente querido, com a prática desse ritual de oferenda da alma a Deus, no sétimo dia da morte, adentra uma vida de perfeição. Assim sendo, mandar rezar Missa no sétimo dia é hoje uma prática comum em todo o Brasil, e a maior parte das pessoas que encomenda essa cerimônia faz por tradição, por crença ou pelo caráter simbólico ou mágico do número sete. São esses os fatores predominantes da prática desse ritual, que se tornou parte do comportamento coletivo católico.

Por que rezar pelos mortos?

Quero afirmar que, independentemente do significado da Missa do sétimo dia, rezar é sempre muito importante, não importam as circunstâncias. Porém, em se tratando de rezar pelos mortos, essa importância se redobra, uma vez que quem passou pela experiência da perda de um ente querido está em uma situação emocional de fragilidade e carência, isto é, precisando, mais do que nunca, de um fortalecimento espiritual, de algo que nem sempre os amigos ou pessoas que o cercam podem oferecer. Assim, a oração pelos mortos serve como um conforto espiritual, um refrigério para a alma daqueles que estão orando (cf. Sl 23/22,3). Embora não saibamos como são, exatamente, as coisas na eternidade, a não ser pelas indicações bíblicas, vale reafirmar que nunca é demais rezar pelos mortos, não importando se a Missa é do terceiro, do sétimo ou do trigésimo dia. O que vale é a intenção. Isso porque toda intenção de oração é uma manifestação da fé. Quem ora por quem já morreu está demonstrando amor, dando provas de sua esperança na eternidade. Apesar do desconhecimento do que ocorre após a morte, quem reza pelos mortos demonstra fé na vida, tanto nesta quanto naquela que se acredita começar depois da morte. Podemos dizer que, ao rezar pelos mortos, estamos manifestando aquilo que professamos quando rezamos o Credo, ou seja, que cremos na comunhão dos santos, na remissão dos pecados, na ressurreição da carne e na vida eterna. Sem essa fé, a oração pelos mortos não teria sentido. Desse modo, a única coisa que podemos fazer pelos que já morreram é rezar por eles. Como a Missa é a celebração do Mistério Pascal, nada mais

José Carlos Pereira

adequado do que rezar uma Missa em memória de quem faleceu. Celebramos, assim, o mistério de sua páscoa, isto é, de sua passagem para a eternidade, de sua ressurreição.

Se observarmos um pouco a história da Igreja, vamos encontrar, em um passado não muito distante, o costume de se pedir missa no terceiro dia de falecimento. Depois veremos outros costumes, que perduram até hoje, como a Missa do Sétimo dia e também do trigésimo, muito em voga na maioria das regiões do Brasil. Podemos, então, perguntar: por que missa de terceiro, como era comum no passado, do sétimo e do trigésimo dia, como acontecem hoje? Porque, como vimos, determinados tempos se tornam mais propícios para se orar e se alcançar o favor de Deus. Principalmente se nesses tempos estamos em uma situação de maior vulnerabilidade, como ocorre quando um membro de nossa família morre. Deus, que sempre vem em socorro dos necessitados, conhece, nessas circunstâncias, nossa carência e necessidade. Além disso, há um conjunto de significado que ajuda a reforçar o sentido da Missa nessas ocasiões. Quando se marcava Missa de terceiro dia de falecimento, por exemplo, havia uma estreita relação com o sentido da ressurreição de Cristo. Já o sétimo dia, como vimos, está ligado ao fato de Deus ter feito o mundo em seis dias e no sétimo ter descansado. O coração dos que ficam, neste mundo, sente-se confortado pelo fato de confiar no descanso eterno de seu ente querido depois dos sete dias de sua morte. E a missa no trigésimo dia seria uma referência ao mês de luto que Israel guardou pela morte de Moisés: "Os israelitas choraram por Moi-

Por que rezar pelos mortos?

sés, nas estepes de Moab, durante trinta dias, até que terminou o luto por Moisés" (cf. Dt 34,8). Vale lembrar que, além dessas três Missas, há também a Missa de um ano de falecimento. Essa tem referência direta ao aniversário, isto é, à data de nascimento. Assim como o aniversário natalício é comemorado de ano em ano, o dia da morte também pode ser comemorado de ano em ano porque significa o dia em que a pessoa morreu para este mundo e renasceu para a plenitude da vida junto de Deus.

O que importa mesmo é lembrar-se dos que partiram. Todo dia é para testemunhar o amor que tivemos e que ainda temos por nossos entes queridos que passaram desta vida para a vida eterna, deixando, neste mundo e em nós, algo que o eterniza em nossas lembranças. O amor não tem dia ou hora marcada. Todo dia e toda hora é hora de amar e de demonstrar esse amor. Quem reza por seus mortos está demonstrando amor ou, pelo menos, arrependimento por não tê-lo amado como deveria. Quanto ao dia e à hora de rezar por eles, é o coração que deve estipular tais momentos. Não obstante, a Igreja estipulou um dia oficial para se rezar pelos mortos: o dia 2 de novembro, o dia de finados. Nesse dia, todos recebem oração, inclusive aqueles que já foram esquecidos por seus familiares, mas não pela Igreja e, muito menos, por Deus.

Enfim, no Brasil, a tradição da Missa do sétimo dia se enraizou mais fortemente que em outros países. Devido à distância geográfica das regiões, aos escassos meios de comunicação, a Missa do sétimo dia se tornou também um meio para vencer as dificuldades de comunicação a respeito da morte de alguma pessoa da família e das dificuldades dos familiares, parentes e amigos se fazerem presentes no enterro. Ao longo da semana, a notícia do falecimento chegava longe e as pessoas vinham mostrar solidariedade em ocasião da Missa do sétimo dia. Por incrível que pareça, esse costume vigora, ainda hoje, até nas grandes cidades, onde não há mais essa dificuldade de comunicação. Ficou, portanto, a tradição, que foi se ressignificando de acordo com a evolução da sociedade e os costumes de cada localidade. Assim, a Missa do sétimo dia ficou também como um momento importante de reunião de parentes e amigos, principalmente dos que não puderam comparecer na ocasião do sepultamento.

Vale destacar que nem sempre as pessoas que se reúnem nessa ocasião (Missa do sétimo dia) são as que têm plenamente consciência a respeito do valor da Eucaristia, isto é, da Missa. Assim, deixo aqui uma sugestão para os padres: a Missa do sétimo dia pode e deve se tornar momento importante de evangelização, porque nela estão presentes, comumente: católicos que foram batizados, que, porém, vivem afastados da comunidade e só aparecem na igreja nessa ocasião; e até mesmo as pessoas sem religião, que vieram apenas para se solidarizarem com a família enlutada. Para os que creem, o ato não deve ser meramente social, mas uma manifestação da crença na ressurreição. Portanto, a reflexão feita durante a homilia da Missa do sétimo dia deve versar sobre temas fundamentais da fé católica, relacionados com a morte e ressurreição, sem deixar de lado uma mensagem de conforto para a família.

7

O LUTO E AS RELAÇÕES SOCIAIS QUE O ENVOLVEM

Luto significa um período de intenso sentimento de tristeza por motivo da morte de alguém. Tempo durante o qual devem manifestar-se certos sinais que identifique a pessoa enlutada. O mais conhecido é a roupa preta, hoje praticamente em desuso. Algumas pessoas ainda costumam usar durante esse período alguma peça ou tarja preta no conjunto da vestimenta, porém é muito discreto e chega a ser imperceptível. O que marca mesmo o período de luto são os rituais fúnebres, com destaque para a Missa do sétimo dia.

Ao realizar o rito da Missa do sétimo dia, a obrigação do luto é tida por terminada, embora o sentimento de perda não desapareça de forma mágica, levando, dependendo do caso, meses e até anos para ser assimilado. Encontramos ocorrências de casos em que o ritual do sétimo dia não foi suficiente para organizar a vida depois da perda, e o luto se tornou algo arraigado, quase crônico. Na região da Sé, em São Paulo, tivemos conhecimento do feito de duas senhoras que, por meio de suas práticas, diluíram essas fronteiras de demarcação do luto. Uma delas havia perdido o esposo há cinco anos e a outra há dez. A primeira, todo mês, no

Por que rezar pelos mortos?

dia correspondente à morte do esposo, mandava rezar Missa por sua alma, dando uma contribuição, em dinheiro, para a igreja. Com isso, dizia sentir-se segura de que a Missa havia sido, de fato, celebrada e seu esposo receberia, assim, suas benesses. A segunda havia combinado com o esposo que quem morresse primeiro receberia do outro, toda semana, enquanto vivesse, uma intenção de missa. Passados dez anos do falecimento de seu marido, a esposa não tinha deixado uma semana sequer de marcar Missa por sua alma. Contou, em tom de brincadeira, que acreditava, com isso, também poder receber créditos no céu na ocasião de sua morte, de tanta missa que havia mandado celebrar. Desse modo, atestamos que a cerimônia da Missa do sétimo dia é algo determinante na vida das pessoas católicas nesse período de luto, porque, ao mesmo tempo em que colabora com o processo de elaboração do sentimento de profunda tristeza motivada pela morte, reconforta. Esse fortalecimento vem pela fé e pelo efeito do ritual que provoca, nessa ocasião, a solidariedade social.

Esse processo ritual de assimilação ou, como sugere Durkheim (1989: 464), de expiação, faz com que o luto seja um típico exemplo de rito *piacular*, porque, nesse período pós-morte, a família precisa de um tempo para diluir o sofrimento. Nesse tempo, acontecem os rituais religiosos, como a Missa do sétimo dia, do trigésimo e de um ano do falecimento; além dessas, também acontecem outras situações e práticas mais prolongadas de expiação da morte. Embora a prática do luto ainda seja comum e necessária, nas duas áreas pesquisadas não encontramos, com suficiente representatividade, aqueles sinais exteriores de antanho que caracterizavam o luto, como apontou Thales de Azevedo: "para as mulheres, a roupa preta ou roxa e a combinação desses tons com o branco, às vezes, em forma de véus velando o rosto, a encobrir a fisionomia abatida e contraída, não maquiada; para os homens, o *fumo* no braço direito ou na lapela, consistindo em uma faixa negra sobre a roupa escura, cinza ou branca" (Azevedo, 1987: 64). Ou, ainda, algum tipo de manifestação pública de lamentações ou abstenções mais acentuadas. Hoje, o luto é vivido de forma pouco expressiva, discreta, sem alardes e que só são descobertos quando investigados em particular, na proximidade e particularidade de cada caso. Tudo isso porque a morte, nos dias atuais, "é empurrada mais e mais para os bastidores da vida social" (Elias, 2001: 19). Philippe Ariès chegou a alertar para o desaparecimento do luto nas sociedades modernas e afirmou que hoje "só se tem direito a chorar quando ninguém vê nem escuta: o luto solitário e envergonhado é o único recurso" (Ariès, 1977: 87). Concordamos com Ariès quanto ao desaparecimento dos símbolos exteriores, mas não com a eliminação do processo de elaboração da morte. Vimos que esse tempo se ressignifica e se adapta de acordo com a época e a cultura, porém continua a existir como prática inerente à existência humana. Atualmente, para detectá-lo, é preciso certo tempo de convivência com a família, devendo estar, portanto, em contato direto com o campo e o objeto pesquisados. Tudo isso, porque o luto dos tempos atuais limita-se "a certos momentos, como os das missas ou cultos memoriais" (Azevedo, 1987:

Por que rezar pelos mortos?

64). Para Azevedo, mais que o luto, "persiste e assume destaque maior o anúncio de óbito e convite para uma das reuniões religiosas e de solidariedade" (Azevedo, 1987: 64), o que reforça nossa tese dos ritos mortuários como um fato social, conforme mostra a nota de anúncio fúnebre que recolhemos, recentemente, de um grande jornal de São Paulo.

> N. e N. convidam parentes e amigos para a missa do 7º dia de falecimento de seu filho N., que será celebrada nesta segunda-feira, 25 de outubro, às 19h30 na Paróquia Nossa Senhora de Fátima, no Bairro do Sumaré. "Ele deixou, no coração de cada um de nós, uma lembrança viva de uma afeição que jamais esqueceremos". São os sentimentos de toda a família enlutada que, desde já, agradece a presença de todos.

Embora esse tipo de convite seja nos moldes tradicionais, com o avanço dos meios de comunicação, surgem novas modalidades de anúncios fúnebres, em que a participação do público continua sendo da maior importância, embora com características diferentes. São os anúncios virtuais, em que o público interage com a família enlutada, enviando mensagens de condolências por meio da *internet*.

Dessa forma, não descarto a importância desse ritual sagrado, chamado luto, e de seus derivados, mas, por considerá-los por hora inclusos na conjuntura da

José Carlos Pereira

Missa do sétimo dia, não vou me ocupar com os detalhes dos sinais externos desse tempo ritualístico, mas sim com as relações sociais que emanam desse período e dessas circunstâncias. À vista disso, chamo atenção para o espaço em que se realiza essa referida cerimônia dos sete dias da morte, porque acredito que isso contribui para elucidar ainda mais o significado da Missa do sétimo dia.

De acordo com a constatação de Durkheim de que "o luto não é expressão espontânea de emoções individuais" (Durkheim, 1989: 471), mas algo influenciado pelo grupo, ou mais que isso "é dever imposto pelo grupo" (Durkheim, 1989: 472), partimos da constatação empírica de que as pessoas se comportam, nesse espaço, de acordo com as conveniências sociais; foi precisamente isso que buscamos focar em boa parte de nossa pesquisa para chegarmos às conclusões propostas. Assim sendo, é comum nas Missas do sétimo dia a ação representativa dos participantes, cuja finalidade é demonstrar sintonia com os mais diretamente envolvidos na situação e com isso ganhar credibilidade. É disso que vamos nos ocupar agora para demonstrar que a aceitação ou não nos grupos sociais depende do tipo de relação ou de comportamento, praticado nesse momento crucial da vida da família. Se ela está triste, é preciso que os presentes se entristeçam com ela; quem agir de forma contrária corre o risco de ser tido como negligente ao sofrimento alheio, portanto de ser afastado do círculo de amizade. À vista disso, para não parecer diferente dos demais, é preciso imitar os outros, colocando em comum os sentimentos, mesmo que esses não sejam autênticos.

Por que rezar pelos mortos?

Durkheim demonstrou que, em ocasião de enfraquecimento pela perda, "toda comunhão das consciências, sob qualquer espécie que se faça, realça a vitalidade social" (Durkheim, 1989: 477). A conjuntura dessa cerimônia proporciona, portanto, um motivo de aproximação, levando em conta o estado afetivo do grupo familiar e sua debilidade, como elementos facilitadores do acercamento. O grupo que perdeu um membro sente a impressão de abatimento, e é nisso que se encontra, segundo Durkheim, a origem do luto, cuja função é a de se recompor da perda, fortalecendo-o. Essa condição de vulnerabilidade afetiva faz com que a família se acerque para se reconfortar. E, exatamente nessa ocasião, entra em cena outro tipo de ator social: aquele que busca se beneficiar da suposta solidariedade, favorecendo-se dela para atrair a afinidade do grupo ou da família, caso essa tenha influência social.

Cheguei a tal conclusão após observar atentamente inúmeros casos em que as pessoas se comportavam nesses termos durante a Missa do sétimo dia. Relato, a seguir, uma dessas constatações, ocorrida em uma paróquia em São Paulo (Bairro de Pinheiros), por ocasião de uma Missa do sétimo dia. O fato assim se sucedeu: em uma manhã de agosto de 2002, um distinto senhor procurou a secretaria paroquial porque queria registrar seu nome no livro de presença na missa de um amigo. Foi interrogado pela atendente sobre qual livro desejava assinar. Respondeu que seria o livro dos participantes da Missa do sétimo dia. A atendente informou que a paróquia não possuía livro para os participantes assinarem e que esse era um costume mais dos velórios que da Igreja (embora algumas paróquias tenham essa modalidade de registro). Confirmou também que o horário da Missa, em que o senhor desejava registrar presença, iria ocorrer somente à noite. Ele ficou consternado porque não poderia ir à noite e, sem o livro de assinaturas, não teria como comprovar à família sua solidariedade, configurada na suposta presença por meio do livro. Não satisfeito com a explicação recebida, deixou com a secretária um cartão de condolências, para que fosse entregue, durante a missa, à família do falecido. Assim, sua ausência estaria justificada e, com isso, ele não sofreria sanções no relacionamento. Não comparecer a uma cerimônia fúnebre, além de representar desconsideração à família, é também um fato que pode atravancar relações sociais. Episódios como esse ajudaram a confirmar que um ato religioso, sacramental ou não, pode ser utilizado como facilitador do processo de inclusão em um determinado grupo social. Portanto, essa modalidade de cerimônia pode funcionar como oportunidade para conquistar prestígio social, principalmente se ela tiver algum tipo de repercussão midiática.

João José Reis afirma que, desde o século XIX, o luto teve, no Brasil católico, múltiplas funções, sendo que uma delas era expressar o prestígio social (Reis, 1995: 132). Afirma ele que "naquela época não só a família se enlutava. Os serviçais e, sobretudo, os escravos do defunto participavam do clima" (Reis, 1995: 132). A importância, o *status* ou o grau de inclusão social da família se revelavam pela quantidade de pessoas que se conseguiam trajar com o luto. Reis completa dizendo

Por que rezar pelos mortos?

que, assim como reunir muita gente nos velórios e funerais era um sinal de prestígio e um augúrio, deixar muita gente vestida de preto tinha também o mesmo significado (Reis, 1995: 134), ou seja, a quantidade de pessoas que se vestiam de luto apontava as diferenças das categorias sociais. Os escravos vestiam luto pela morte de seus senhores ou familiares deles, mas seus senhores não aderiam ao luto com a morte de seus escravos. Reis confirma ainda que "isso reforça a ideia de que o luto escravo funcionava como um mecanismo simbólico de controle e uma expressão de prestígio senhorial" (Reis, 1995: 134). Nessa mesma linha, reflete Jean-Pierre Bayard, quando afirma que "a importância da cerimônia depende do nível do defunto" (Bayard, 1996: 137). Na verdade, ainda hoje a Missa do sétimo dia, a mais evidente cerimônia tida como expressão do luto, além de ser um rito tradicional, funciona como forma de chamar atenção mais para a condição social e a aceitabilidade da pessoa ou da família na sociedade que pelos pesares da perda ou por princípios religiosos, principalmente quando elas são exclusivas, ou seja, fora das missas comunitárias.

À vista disso, a Missa do sétimo dia, quando exclusiva, assemelha-se em prestígio social à missa de corpo presente. Isso se confirma porque ela se caracteriza, antes de tudo, como uma *relação social fechada*. De acordo com Max Weber (2002: 83), o sentido dessa ação e as regulamentações que a regem é só para um grupo de pessoas, ou seja, os familiares, parentes e amigos da pessoa falecida. Assim sendo, é comum pedir que a Missa seja celebrada em um horário fora do convencional, ou seja, uma Missa exclusiva para um grupo seleto. Registramos esse costume nas paróquias da região da Sé, em São Paulo. Nesse caso, ela é contratada como um serviço a ser prestado, ou seja, tem um preço que varia de acordo com a paróquia. Segundo Bayard, nesses casos, "os honorários pedidos pelos curas são muito variáveis" (Bayard, 1996: 137). Nas comunidades do setor Santo Antônio, em Osasco, esse costume já está superado, até porque as pessoas do campo analisado não têm condições financeiras para pagar cerimônias particulares. Nesse local, as intenções do sétimo dia são colocadas nos horários das missas já existentes, juntamente com as demais intenções, com a diferença de que o nome do falecido é citado no início e no meio da celebração e, dependendo da influência da família na comunidade, poderá ser destacado outras vezes. Em ambas as localidades, encontramos o costume e a crença de que o nome do morto deve ser pronunciado para que o rito seja eficaz, e a família saia com a sensação de dever cumprido.

Embora não esteja excluída a participação de outras pessoas nas missas ditas "exclusivas", elas são pensadas de forma que iniba a entrada de desconhecidos, principalmente quando se trata de pessoa com certa visibilidade social. Como já citamos, essas são as situações em que os horários das cerimônias fogem do convencional e as pessoas que se apresentam, supostamente, pertencem à esfera social da família e vão porque foram convidadas. Outro dado é que nem todos os que estão na cerimônia são pessoas que frequentam a igreja ou são, de fato, católicas. Esses participantes, como vimos,

Por que rezar pelos mortos?

comparecem com fins específicos: desejam mostrar solidariedade com a família enlutada e com isso reforçar laços sociais com ela.

Ainda sobre a visibilidade nesse tipo de cerimônia, destacamos a importância das formas de comunicação e de representações sociais que são evidenciadas durante o ritual, por meio de símbolos e objetos. O período tido como de luto, hoje encurtado, embora tenha perdido muito dos símbolos mais visíveis de outrora, permanece ainda caracterizado com certas renúncias, como, por exemplo, evitar festas e outras badalações que possam demonstrar desrespeito pelo tempo de resguardo. Portanto, há ainda certo recolhimento das pessoas enlutadas, mas a Missa do sétimo dia se encarrega de dissipar qualquer sintoma que possa impedir a retomada da vida em sua normalidade. O que percebemos é que seus elementos foram reformulados e adaptados, ganhando, assim, outras características mais seculares, embora continuem com o mesmo perfil, ou seja, como rito de passagem, com os aspectos já assinalados, ou como negação da morte. Ambos assumem a função de estabelecer a ordem social perdida com o ocorrido e revelam a necessidade humana de solucionar os problemas provocados pela perda.

Não obstante o que vimos, o luto, na religião católica, e seus rituais, que englobam a Missa do sétimo dia, são, portanto, uma espécie de negação da morte. É uma recusa do aniquilamento, cujo recurso simbólico é acreditar em sua ultrapassagem, na ressurreição, ou, dependendo da crença, em outras modalidades de ressurgimento. É isso que torna o luto uma coisa paradoxal, porque, ao mesmo tempo em que se chora a morte, busca-se o consolo em sua própria negação. A crença no ressurgimento neutraliza, pouco a pouco, os reais significados da morte. A morte é paradoxal, porque o indivíduo tem consciência de que está vivendo uma perda real, mas a religião o faz crer em seu contrário, ou seja, faz com que a morte seja concebida como uma passagem. Isso ajuda a superar traumas, confirmando o que sugere Edgar Morin (2003: 80), ver a morte como uma forma de renascimento ou como a sobrevivência do duplo. Assim sendo, acreditar na ressurreição, como ressurgimento da pessoa, é, na verdade, negar a morte. De acordo com Durkheim, "saem do luto, e saem dele graças a ele mesmo" (Durkheim, 1989: 477). Portanto, pensar a morte como uma passagem, como uma etapa, significa negá-la como fim implacável da vida.

Afirma Morin (2003: 81) que a consciência da morte faz com que o homem crie ritos funerais, cujo objetivo é exorcizar a própria morte e suas consequências. Dessa forma, a Missa do sétimo dia é um rito que detém o poder simbólico de exorcizar a morte e fazer acreditar na existência da alma, além da crença em sua inclusão em outra vida ideal, ou seja, no paraíso, um lugar isento de sofrimentos, confortando, dessa maneira, a dor causada pela perda. Pode-se afirmar, assim, que, por um lado, "a morte do ente querido quebra em quem ama o Nós mais íntimo e abre um insuperável ferimento no coração de sua subjetividade" (Morin, 2003: 80), e, por outro, a confiança na ressurreição e a inclusão no paraíso contribuem para recompor, na-

Por que rezar pelos mortos?

queles que estão envoltos no luto, esse "nós" quebrado. Isso faz com que a morte seja superada, levando, assim, as pessoas a se comportarem de forma a recusar o desaparecimento do outro, que se exprime, segundo Morin, "desde a pré-história, nos mitos e ritos da sobrevivência do duplo (fantasma) ou nos do renascimento em ser novo" (Morin, 2003: 46); em outras palavras, na própria ressurreição, conforme prega a doutrina religiosa católica. Durkheim considera que é para poder explicar o luto que prolongaram a existência da alma para além do túmulo. Trata-se, segundo ele, de mais um exemplo de como os ritos reagem às crenças (Durkheim, 1989: 478).

Enfim, afora a instância antropológica do luto e seu contexto, destacamos, nesta reflexão, alguns aspectos sociológicos das circunstâncias, em que ele ocorre, e as relações sociais oriundas dessa conjuntura, que contribuem para a compreensão do poder simbólico da religião. Buscamos, assim, analisar as cerimônias e os rituais, como parte de um processo de sociabilidade, no qual a religião católica desempenha um papel influente, ofertando uma sucessão de sacramentos e outros rituais paralelos, cuja função é manter o vínculo do fiel com a Igreja, engendrando relações sociais e exercendo, com isso, seu poder simbólico de inclusão ou de exclusão, dentro e fora de seus espaços sagrados. Espaços esses que funcionam como *lócus* de representações sociais, onde os fiéis acreditam receber poderes que os capacitam para o enfrentamento das adversidades da vida, sendo uma delas, a própria morte.

José Carlos Pereira

Nos referidos espaços, os rituais e as representações sociais formam um par indissociável, que se configura nas cerimônias sacramentais e fúnebres. A "igreja" que se forma em tais espaços, e que Durkheim chama de comunidade moral, viabiliza e mantém o binômio crenças (dogmas) e práticas (rituais), colocando-o em ação, ajudando a definir posições sociais. Nesses espaços de rituais e representações, o fiel se põe em contato com seu Deus. Segundo Durkheim, "o fiel que se pôs em contato com seu deus não é apenas um homem que percebe verdades novas que o descrente ignora, é um homem que pode mais" (Durkheim, 1989: 79). Podendo mais, ele se reafirma na comunidade e na sociedade, comprovando, assim, o poder simbólico da religião que, por meio dos rituais sagrados, transmite valores e conhecimentos, resolve conflitos e reproduz relações sociais inclusivas.

8

COMO PREPARAR
UMA MISSA DO SÉTIMO DIA

Embora, por razões pastorais, haja paróquias que não celebram, com exclusividade, Missa do sétimo dia, colocando tal intenção junto às demais na Missa comunitária, há lugares em que essa prática ainda existe. Desse modo, vou fazer aqui algumas indicações que podem ajudar as equipes de liturgia, juntamente com seus familiares, a prepararem a cerimônia dessa modalidade de Missa. Adianto que estas indicações são apenas sugestões, que podem ser aplicadas em sua totalidade ou apenas em partes. Tudo dependerá do local e das circunstâncias. A equipe de liturgia, os familiares e o sacerdote verificarão sua viabilidade e as utilizarão de acordo com o momento. Por se tratar de um momento importante na vida da família, mesmo que a Missa do sétimo dia esteja inclusa junto a outras, em missas comunitárias, dá para aproveitar algumas dessas sugestões.

Primeiramente, as leituras bíblicas que serão utilizadas nessa cerimônia devem ser pensadas. As leituras da celebração do dia de finados são bastante significativas e podem ser aproveitadas na Missa do sétimo dia. São elas: *Primeira leitura*: Jó 19,1.23-27; *Salmo Responsorial*:

Por que rezar pelos mortos?

27(26); *Segunda leitura*: Romanos 5,5-11; *Evangelho*: João 6,37-40. Além dessas, há muitas outras, dessa celebração, que podem ajudar a família a celebrar melhor o sétimo dia de falecimento de seu ente querido, como, por exemplo, Gn 1,26-31.2,1-3, sobre a conclusão da obra da criação e o descanso depois da missão cumprida. Outras leituras podem ser extraídas do ritual das exéquias e de outras missas para defuntos.

As sugestões que vamos indicar, a seguir, podem ser aproveitadas, independentemente das leituras que foram escolhidas.

Sugestões que ajudam a celebrar melhor:

• Na entrada da igreja ou do local onde for celebrada a Missa, poderão ser colocadas faixas com os seguintes dizeres: "Um amor a nossa espera"; "Em meio à dor, a grande esperança"; "Eu o ressuscitarei"; "Sem medo, porque Deus só pode ser amor" (ou outras que a comunidade ou a família preferir).

• No local da celebração, poderá também haver uma ilustração, como, por exemplo, uma silhueta de Jesus, levantando uma pessoa prostrada ou caída. Fica bem a imagem de Jesus ressuscitando Lázaro, ou a do filho da viúva de Naim, ou outra semelhante. Pode-se, também, preparar um quadro, em forma de coração, e colocar a foto ou o nome da pessoa falecida. Esse quadro deverá ficar em um lugar bem visível.

• Mesmo que a família não peça, preparar o espaço com motivos que favoreçam o significado dessa cerimônia.

• Embora a tônica dessa celebração seja eminentemente pascal, a liturgia sugere sobriedade. O espaço sagrado deve *respirar* esse clima; flores são importantes, e, no altar e nos paramentos de quem celebra, a cor roxa deve predominar.

• Deve haver um ambiente de recolhimento e leveza. Propomos a mesa desnuda e junto a ela um *ikebana* feito com galhos secos e verdes, quiçá com botões fechados. Deve transmitir a vida (galhos verdes e botões fechados) *sufocando* e *vencendo* a morte – galhos secos). Também a cruz pode estar ornada com um ramo verde. Em momento oportuno (durante o ofertório), a mesa poderá ser recoberta com a toalha própria, trazida por alguém da família.

• As flores e as cores (roxa, lilás, amarela) dão ao conjunto da celebração uma tonalidade de esperança e sobriedade. Elas nos lembram que a liturgia dedicada aos mortos é uma mistura de alegria e dor, de festa e saudade.

• Prever um espaço para que, no início da celebração, as pessoas possam se cumprimentar.

• Poderá ser colocada na entrada da igreja, ou no espaço onde a missa será celebrada, uma vasilha (cesto) com pedaços de papéis em branco (ou um bloco de anotações) e caneta do lado, para que os que chegam possam escrever mensagens à família enlutada. Na hora da oração da coleta, alguém da família poderá levar até o altar a vasilha com os nomes.

• Quem faz o papel de animador precisa ajudar a assembleia a entrar no sentido pascal dessa celebração. Para tanto, é bom fazer uma acolhida e, brevemente, apresentar o sentido teológico, por meio de um breve comentário.

Por que rezar pelos mortos?

- Após o sinal da cruz e a saudação, teria lugar a recordação da vida. O presidente ou o animador poderá propor alguns minutos de silêncio. Em seguida, algum familiar, ou pessoa amiga da família, traz presente o nome de seu ente querido falecido, bem como uma breve biografia dele. Enquanto falado o nome e lida a biografia, alguém poderá queimar ervas aromáticas junto à cruz do altar (processional ou fixa). O perfume e a fumaça, que encherão o espaço, conduzirão à experiência de comunhão com aquele que agora desfruta plenamente do ser de Deus. Para concluir o rito, aquele ou aquela que estiver queimando as ervas fará memória de todos os fiéis defuntos, dizendo: "Todos os irmãos e irmãs falecidos" e colocará a última porção de ervas. O presidente da celebração poderá concluir, recuperando a antífona de entrada do primeiro formulário do missal romano: "Como Jesus morreu e ressuscitou, Deus ressuscitará os que nele morreram. E, como todos morrem em Adão, todos em Cristo terão a vida". A assembleia poderá retomar o refrão do cântico de abertura (da missa do dia de finados).

- Na Liturgia da Palavra, valorizar o símbolo da luz (velas acesas) durante o canto do salmo, a proclamação do Evangelho, a profissão de fé (se houver) e a louvação.

- No momento das preces da comunidade, fazer preces que tenham a ver com a pessoa fale-

José Carlos Pereira

cida e com seus familiares, mas não se esquecer de rezar também pela Igreja e pelos que sofrem. Dependendo das circunstâncias, as preces poderão ser espontâneas.

• Outra sugestão para o momento das preces é preparar um recipiente com brasa e colocar ao pé da cruz, em um lugar bem visível do presbitério ou bem em frente ao altar. A cada prece, alguém poderá se aproximar, solenemente, e colocar sobre as brasas uns grãos de incenso. As respostas das preces poderão ser cantadas.

• Durante o Ofertório, fazendo eco à recordação da vida, pode-se voltar a queimar ervas aromáticas junto à cruz, enquanto a assembleia ou o grupo de canto entoa o canto de apresentação das oferendas. Fica também bastante significativo, se nesse momento, forem ofertados alguns objetos que pertenciam à pessoa falecida.

• Escolher, no Missal, a Oração Eucarística própria para momentos como esse. Durante a lembrança dos mortos, fazer uns instantes de silêncio e, em seguida, dizer, com ênfase, o nome da pessoa falecida.

• Outra sugestão: na Oração Eucarística, na intercessão pelos mortos, fazer uma pausa e queimar, mais uma vez, ervas aromáticas.

• Após a Comunhão, fazer um momento de silêncio e, em seguida, alguém poderá entrar pelo corredor central da igreja tocando uma canção fúnebre, na flauta. A sua frente poderá entrar uma pessoa com uma coroa (ou vaso) de

Por que rezar pelos mortos?

flores e depositar aos pés da cruz, em homenagem à pessoa falecida. A pessoa que entrar com as flores poderá ser uma criança vestida de anjo ou alguém da família.

• Depois dos ritos finais, motivar os familiares a se cumprimentarem. Quem presidir deverá também manifestar sua solidariedade, dando um afetuoso abraço nos membros da família.

• A bênção final poderá ser a indicada no Missal Romano, p. 530.

• Onde houver o costume, alguém da família poderá se dirigir à saída para distribuir as lembranças dessa missa.

CONSIDERAÇÕES FINAIS

Quero partilhar, nestas considerações finais, o que ocorreu com a maioria das pessoas que tive oportunidade de acompanhar durante os sete primeiros dias que sucederam à morte de alguém de sua família. Foi um período marcado por um abalo emocional muito intenso , no qual se constatou que elas viveram um estado social que chamamos de "estado de suspensão", ou seja, a vivência de um estágio separado da vida cotidiana. Nos sete primeiros dias, essas pessoas viveram em função do ocorrido, desconectadas das atividades do dia a dia, embora houvesse um esforço para que a vida voltasse à normalidade. Chamamos isso de processo de elaboração da morte e vivência intensa do luto. Um processo inevitável, porém necessário, quase um ritual, em que a pessoa é colocada no limite de suas resistências emocionais. É esse aspecto que faz da morte um dos ritos de passagem mais evidentes do decurso da vida. Para Arnold Van Gennep, esse "é um estado de margem para os sobreviventes, no qual entram, mediante ritos de separação, e do qual saem, por ritos de reintegração na sociedade geral" (Van Gennep, 1978: 127). Nesse período dos sete dias depois da morte, a família não consegue ainda elaborar completamente o

Por que rezar pelos mortos?

trágico sucedido e, portanto, a vida social fica desviada da normalidade. Dessa maneira, a Missa do sétimo dia tem a função de incorporá-la ou, como sugere Van Gennep, reintegrá-la em um novo estado, encerrando, assim, o período simbólico do luto. Boa parte das pessoas consegue, depois da Missa do sétimo dia, lidar com a separação de uma maneira mais confiante.

Ademais, a Missa do sétimo dia tornou-se um momento forte de solidariedade social, ocasião em que os parentes, além dos amigos mais achegados, reúnem-se para fazer o rito de passagem ou a entrega, definitiva, nas mãos de Deus daquela pessoa que fora chamada deste mundo. Descobri, portanto, que afora a devoção e a crença na acolhida divina, há um círculo de relações sociais que se forma em volta desse acontecimento, por ocasião do velório. Esse fator é também muito importante porque a família, até então enlutada, sente-se amparada, acolhida e amada pelos amigos, o que lhe dá força para, a partir de então, continuar a vida. Depois da Missa do sétimo dia, é comum que essas pessoas, ou a maioria delas, distanciem-se da família, mas esta já estará mais habilitada para lidar, sozinha, com a situação da perda. Aquelas que não conseguem colocar a vida em seus eixos, depois desse período, devem procurar ajuda psicológica e espiritual.

O arcebispo emérito de Londrina-PR, Dom Albano Cavallim, assim resumiu o sentimento e o significado da cerimônia da Missa do sétimo dia: "Sempre admirei a sabedoria da Igreja, que espera sete dias para celebrar a Missa por seus filhos falecidos. Em sete dias, dá tempo para cicatrizar melhor as feridas da dor e compreendermos melhor o mistério da morte e o mistério do amor de Deus, mesmo no sofrimento. Sim, depois de sete dias, temos mais tempo para entender o que chamaria as lições da morte ou da Professora Morte".[3] Desse modo, a cerimônia do sétimo dia confere ao fiel católico, além de uma compreensão maior do mistério da morte, a confiança de que seu ente querido, com a prática desse ritual de oferenda da alma a Deus, adentra na vida eterna.

Ainda no tocante à Missa do sétimo dia, vimos que é um refinamento do simbolismo do número sete, adaptado ao costume que se formou em torno dessa cerimônia fúnebre. Vimos também que mandar rezar Missa no sétimo dia é hoje uma prática comum em todo o Brasil, uma herança cultural trazida pelos portugueses. A maior parte das pessoas que hoje encomenda essa modalidade de Missa o faz por três motivos: tradição, crença ou caráter simbólico ou mágico. São esses os fatores predominantes da prática desse ritual, algo que se tornou parte do imaginário católico.

À vista disso, criou-se em torno dessa cerimônia uma série de crenças e conveniências que não enfraquecem seu poder ritual, mas ampliam seu campo de domínio, dando eficácia aos ritos, símbolos e, sobretudo, à palavra. Exemplo: acredita-se que o fato de o padre falar o nome da pessoa falecida durante a missa influencia, positivamente, no destino da alma do morto. Esse dado concorda com George Frazer: "a magia pode atuar sobre uma pessoa tão facilmente por inter-

---

[3] Dom Albano Cavallin. *Parte do sermão por ocasião da missa do Sétimo dia de sua mãe.*

Por que rezar pelos mortos?

médio de seu nome" (Frazer, 1956: 290). O homem religioso continua confiando que seu nome é parte vital de si mesmo, por isso há tanto interesse que o nome do morto seja lembrado, exaltado. Cada vez que ele é citado, durante a missa, provoca sentimentos de comoção nos familiares que o ouvem. Ao contrário dos povos citados por Frazer (1956: 298) em sua obra *O ramo dourado*, que não permitiam que se pronunciasse, em voz alta, o nome do morto, para não violar o mistério da morte e, com isso, prejudicá-lo no âmbito sagrado, no catolicismo há a crença de que, se o nome daquele que morreu não for pronunciado no decorrer da missa, ela não terá a devida validade, deixando de surtir o efeito inclusivo que dela se espera, que é, entre outros, a garantia da entrega definitiva da alma à outra dimensão. Acredita-se que, ao pronunciar o nome do falecido durante o ritual da missa, sua alma será elevada para junto de Deus e de lá poderá interceder pelos que ficaram. Além disso, se o nome não for citado de modo audível, a família poderá se sentir subestimada perante os convidados, por acreditar que seu defunto não recebeu a devida atenção e honra por parte do mediador do ritual sagrado. Encontrei casos em que a família pediu que fosse rezada outra missa porque o nome da pessoa falecida não fora dito durante a cerimônia.

Apurei que todas as vezes em que o padre pronunciou o nome da pessoa falecida durante a cerimônia, além de conferir importância ao evento, fez com que a família presente se sentisse enaltecida. As ressonâncias puderam ser observadas na hora, na fisionomia dos presentes enlutados, ou após a cerimônia, por meio de elogios, contribuições ou expressões simbólicas de agradecimentos.

Vale lembrar que, dependendo do local, o destaque dado ao morto durante a missa, varia de acordo com a condição social da família e é precisamente isso que confere ao ato o aspecto inclusivo. O fato de pronunciar várias vezes o nome do falecido no decurso da cerimônia, ou destacar a família e seus convidados, funciona como um provocador de reações positivas, indicando, assim, a importância social. Donald Pierson, ao tratar do processo de *interação simbólica*, chamou esse tipo de reação de *resposta definida* (Pierson, 1962: 1979). As pessoas que ouvem o padre glorificar a alma do defunto ou enaltecer suas qualidades em vida respondem a essa indicação de várias maneiras diferentes, seja por meio do choro, da atenção ou da expressão de satisfação por sentir que seu ente querido, além de ser homenageado com destaque, recebeu a recompensa divina. Essa interação que ocorre durante a Missa do sétimo dia é perceptível, o que a torna um ritual de troca simbólica de informações sociais entre os presentes.

Espero que este livro ajude a elucidar um assunto de suma importância no campo religioso católico, porém ainda tão pouco abordado. Sei que não foi possível abarcar todos os significados envoltos nesse tema, mas procurei tratar aqui os mais relevantes. A abordagem dessa temática proporciona uma série de interrogações e inquietudes que poderão ser tratadas e discutidas em outros momentos. Deixo aqui o caminho aberto para outras abordagens.

BIBLIOGRAFIA

ARIÉS, Philippe. *O homem perante a morte II*. Lisboa, Publicações Europa-América, 1977.

AZEVEDO, Thales. *Ciclo da vida: ritos e mitos*. São Paulo, Ática, 1987.

AZZI, Riolando. *O catolicismo popular no Brasil*. Petrópolis, Vozes, 1978.

BALANDIER, Georges. *Antropologia política*. São Paulo, Difusão Europeia do Livro e Editora da Universidade de São Paulo, 1969.

BALANDIER, Georges. *A desordem. Elogio do movimento*. Rio de Janeiro, Bertrand Brasil, 1997.

BAYARD, Jean-Pierre. *Sentido oculto dos ritos mortuários. Morrer é morrer?* São Paulo, Paulus, 1996.

BÍBLIA SAGRADA, *Edição Pastoral*. 25ª ed., São Paulo, Paulus, 1998.

CAIC, *Catecismo da Igreja Católica*, Petrópolis, Vozes, 1993.

CNBB (trad.). *Código de Direito Canônico*. 2ª ed. São Paulo, Loyola, 1987.

CNBB (trad.). Ritual das exéquias. In: *Sacramentário*. 2ª ed. Petrópolis, Vozes, 1975.

DOISE, W. Lês représentations sociales: définition d'um concept. In: DOISE, W. e PALMONARI, A. (Orgs.). *Lês représentations sociales:* un nouveau champ d'étude. Genebra, Delachaux & Niestlé, 1986.

DURKHEIM, Émile. *As formas elementares de vida religiosa*. São Paulo, Paulinas, 1989.

ELIADE, Mircea. *O sagrado e o profano:* a essência das religiões. São Paulo, Martins Fonte, 1996.

ELIAS, Norbert. *A solidão dos moribundos, seguida de envelhecer e morrer*. Rio de Janeiro, Jorge Zahar Editor, 2001.

FRAZER, James George. *La rama dorada. Magia y religión*. 3ª ed., México – Buenos Aires, Fondo de Cultura Economica, 1956.

HOUAISS, Antônio e VILLAR, Mauro de Salles. *Dicionário Houaiss da língua portuguesa*. Rio de Janeiro, Objetiva, 2001.

JODELET, Denise (Org.). *As representações sociais*. Rio de Janeiro, Uerj, 2001.

Por que rezar pelos mortos?

LAQUEUR, Thomas. *"Bodies, death, and pauper funerals"*. Representations, 1, 109-31, fev. 1983.

LÉVI-STRAUSS, Claude. *Tristes trópicos*. 5ª ed., São Paulo, Companhia das Letras, 2004.

MALINOWSKI, Bronislaw. *Magia, ciência e religião*. Lisboa, Edições 70, 1984.

MAUSS, Marcel. *Ensaio de sociologia*. 2ª ed., São Paulo, Perspectiva, 2001.

MORIN, Edgar. *O método 5. A humanidade da humanidade. A identidade humana*. 2ª ed., Porto Alegre, Sulina, 2003.

MOSCOVICI, Serge. Psychologie sociale. Paris, PUF, 1961. In: ZANI, Augusto Palmonari Bruna. *As representações sociais no campo dos psicólogos*. Rio de Janeiro, Uerj, 2001.

NISBET, Rober. "Tradição e Tradicionalismo". In: OUTHWAITE, William & BOTTOMORE, Tom. *Dicionário do Pensamento Social do Século XX*. Rio de Janeiro, Jorge Zahar Editor, 1996, p. 777-778.

BOFF, Leonardo. *Os sacramentos da vida e a vida dos sacramentos. Mínima sacramentalia*. 19ª ed., Petrópolis, Vozes, 1998.

MACKENZIE, John L. *Dicionário Bíblico*. 2ª ed., São Paulo, Paulinas, 1983.

OUTHWAITE, William & BOTTOMORE, Tom. *Dicionário do Pensamento Social do Século XX*. Rio de Janeiro, Jorge Zahar Editor, 1996.

PEREIRA, José Carlos. *O encantamento da Sexta-Feira Santa. Manifestações do catolicismo no folclore brasileiro*. São Paulo, Annablume, 2005.

PEREIRA, José Carlos. *Devoções marginais. Interfaces do imaginário religioso*. Porto Alegre, Zouk, 2005.

PEREIRA, José Carlos. *Desejo de eternidade. Teoria do autoconhecimento*. São Paulo, Ave-Maria, 2008.

PEREIRA, José Carlos. *O paradoxo da cruz. O diabólico e o simbólico. Um estudo da teologia da cruz*. São Paulo, Arte & Ciência, 2002.

PEREIRA, José Carlos. *Sincretismo religioso & ritos sacrificiais. Influências das religiões afro no catolicismo popular brasileiro*. São Paulo, Zouk, 2004.

PEREIRA, José Carlos. *Porto do Milagre. Religião e magia nas representações coletivas do catolicismo popular luso-brasileiro*. Porto Alegre, Zouk, 2006.

PEREIRA, José Carlos. *O poder simbólico da religião. A dialética da exclusão e inclusão nos espaços sagrados da Igreja Católica na região metropolitana de São Paulo*. Tese de doutorado. São Paulo, Pontifícia Universidade Católica, maio de 2008.

PEREIRA, José Carlos. *Espiritualidade da Paixão. Retiro de Castellazzo e o diário de São Paulo da Cruz*. São Paulo, Arte & Ciência, 2002.

José Carlos Pereira

PEREIRA, José Carlos. *A eficácia simbólica do sacrifício. Estudo de uma devoção popular do catolicismo.* 2ª ed., Porto Alegre, Zouk, 2005.

PEREIRA, José Carlos. *O ofício de pároco.* Petrópolis, Vozes, 2008.

PEREIRA, José Carlos. *Liturgia. Sugestões para dinamizar as celebrações.* Petrópolis, Vozes, 2009.

PEREIRA, José Carlos. *Missa do sétimo dia.* In; http://www.saojoseosvaldocruz.org.br/web/perguntaserespostas/respostas/004_missadesetimodia.htm. Data da consulta: 18/02/2009.

PIERSON, Donald. *Teoria e pesquisa em sociologia.* 7ª ed., São Paulo, Melhoramentos, 1962.

RADCLIFFE-BROWN, A. R. *Estrutura e função na sociedade primitiva.* Petrópolis, Vozes, 1973.

REIS, João José. *A morte é uma festa. Ritos fúnebres e revolta popular no Brasil do século XIX.* São Paulo, Companhia das Letras, 1995.

RITUAL ROMANO. *Ritual das exéquias.* São Paulo, Paulinas, 1975.

SAMPAIO, Paulo. "A viva e os mortos". In: Revista da Folha, ano 11, n. 562, 23 de março de 2003, São Paulo, p. 6.

SCHLESINGER, Hugo & PORTO, Humberto. *Dicionário Enciclopédico das Religiões,* Vol. II. Petrópolis, Vozes, 1995.

SOCIEDADE BÍBLICA DO BRASIL, *Concordância Bíblica.* Brasília, DF, 1975.

THOMAS, Louis-Vincent. Prefácio. In: BAYARD, Jean-Pierre. *Sentido oculto dos ritos mortuários. Morrer é morrer?* São Paulo, Paulus, 1996, p. 7-29.

VAN GENNEP, Arnold. *Os ritos de passagem:* estudos sistemáticos. Petrópolis, Vozes, 1978.

WEBER, Max. *Conceitos básicos de sociologia.* 2ª ed., São Paulo, Centauro Editora, 2002.

WEBER, Max. *Fundamentos da sociologia.* 2ª ed., Porto, Rés, 1983.

ZANI, Augusto Palmonari Bruna. *As representações sociais no campo dos psicólogos.* Rio de Janeiro, Uerj, 2001.

ÍNDICE

Introdução...3

1. A missa: memorial de uma saudade.....................9
2. A tradição de se rezar pelos mortos 15
3. A Missa do sétimo dia como tradição cultural.....25
4. O significado bíblico do número 7 31
5. Os ritos fúnebres 37
    a) O velório.....................................39
    b) As exéquias.................................61
6. O significado da Missa do sétimo dia.................73
7. O luto e as relações sociais que o envolvem........81
8. Como preparar uma Missa do sétimo dia...........95

Considerações finais.............................101
Bibliografia 107

A marca FSC® é a garantia de que a madeira utilizada na fabricação do papel deste livro provém de florestas que foram gerenciadas de maneira ambientalmente correta, socialmente justa e economicamente viável.

Este livro foi composto com as famílias tipográficas Berkeley Old Style e impresso em papel Offset 75g/m² pela **Gráfica Santuário.**